Mechthild R. von Scheurl-Defersdorf

Deutlich reden – wirksam handeln

HERDER spektrum

Band 4829

Das Buch

Unsere Kinder müssen sich in einer Welt zurechtfinden, die immer komplizierter wird. Sie brauchen eine gute Portion Selbstbewußtsein und Orientierungsvermögen, um sich später behaupten zu können. Eltern können schon früh Grundlagen dazu legen. Besonders wichtig ist es, daß sie ganz eindeutig, klar und liebevoll mit ihren Kindern reden. Viele praktische Beispiele aus dem Alltag mit Kindern holen Eltern dort ab, wo die meisten Konfliktpunkte liegen: Lernen, Aufräumen, Wut und Aggression, Konzentrationsmangel und die bei Kindern besonders beliebte „Verzögerungstaktik". Solche Alltagskonflikte lassen sich oft auf sehr einfache Weise auflösen, wenn Eltern achtsam werden und hören, was in ihren Worten außerdem mitschwingt. Warum räumt das eine Kind auf, wenn man es darum bittet, und das andere nicht? Warum bekommt das eine Kind den „richtigen Dreh" beim Lernen, das andere nicht? Wie lassen sich solche Verknotungen auflösen? Das geht oft verblüffend einfach. Zahlreiche Übungen zeigen, wie dies gelingt.

„Eltern haben mit diesem Buch etwas in der Hand, womit sie für sich Klarheit gewinnen und Kindern einen liebevollen Halt geben. Damit Leben wirklich gelingt" (Jirina Prekop).

Die Autorin

Mechthild R. von Scheurl-Defersdorf, Philologin, hat unter dem Namen Roswitha Defersdorf zahlreiche sehr erfolgreiche Bücher veröffentlicht. Nach ihrem Hochschulabschluss war sie einige Jahre in der Industrie im Bereich Kommunikation tätig. Die zweifache Mutter brachte 1991 bei Herder spektrum ihr erstes Buch heraus, das zum Bestseller wurde: „Drück mich mal ganz fest. Geschichte und Therapie eines wahrnehmungsgestörten Kindes". Es folgten weitere Publikationen, auch im Bereich der Erwachsenenpädagogik. Aus dieser Arbeit heraus entwickelte sie Mitte der 1990er Jahre das Sprach- und Kommunikationskonzept LINGVA ETERNA und gründete 2000 in Erlangen das LINGVA ETERNA Institut für bewusste Sprache. Sie bietet Seminare und eine Ausbildung an und ist publizistisch tätig.

Mechthild R. von Scheurl-Defersdorf

Deutlich reden – wirksam handeln

Kindern zeigen, wie Leben geht

HERDER

FREIBURG · BASEL · WIEN

Originalausgabe

13. Auflage 2011

© Verlag Herder GmbH, Freiburg im Breisgau 2000
Alle Rechte vorbehalten
www.herder.de

Umschlagkonzeption und -gestaltung:
R·M·E München / Roland Eschlbeck, Liana Tuchel
Umschlagmotiv: © Hartmut Schmidt, Freiburg
Foto der Autorin: © G. Dollhopf

Herstellung: fgb · freiburger graphische betriebe
www.fgb.de

Gedruckt auf umweltfreundlichem, chlorfrei gebleichtem Papier
Printed in Germany

ISBN 978-3-451-04829-6

Inhalt

Die Wirkung der Sprache   57

Kommunikation ist alles   84

Lernen ist schön

Kindern zeigen, wie Leben geht

Was braucht ein Kind, damit es zu einem lebensbejahenden, glücklichen und zielstrebigen Menschen heranwachsen kann? Diese Frage stellen sich Eltern und Pädagogen angesichts der großen Unsicherheiten und globalen Änderungen, die sie selbst ringsum und auch bei sich selbst beobachten können. Sie suchen eine Orientierung und einen Weg für sich selbst, von dem sie sagen können: Jawohl, genau das ist mein Weg und mein Platz in der Welt, und ich habe ihn mir selbst gewählt.

Dieses eigene Suchen macht es schwer, Kinder zu begleiten und sie auf ihren Weg zu bringen. Eltern können nicht davon ausgehen, daß das Wissen und die Regeln, die sie ihnen beibringen, auch in Zukunft Gültigkeit haben werden. Das einzig Stabile ist die andauernde Veränderung. So geht es nicht nur um das Weitergeben von Überkommenen, so wichtig das auch ist.

Damit Kinder später einmal selbstbewußt und lebensfroh ihr Leben in die Hand nehmen, es nach ihren Vorstellungen gestalten und sich dabei bereitwillig in die Gemeinschaft einbringen können, müssen sie erst einmal wissen, wie Leben geht.

Ich wünsche allen Kindern, daß sie schon früh in ihrem Elternhaus mit diesem Wissen in Berührung kommen, denn dann ist es ihnen gerade in einer Zeit des großen Umbruchs möglich, ihr Lebensschiff in eigener Regie in den selbst gewählten Hafen zu steuern.

Das Leben folgt klaren Gesetzmäßigkeiten

■ **Wie geht Leben**

Das Leben folgt klaren Gesetzmäßigkeiten

Tatsächlich folgt das Leben klaren Gesetzmäßigkeiten. Wer sie kennt, kann sie beachten. Wer sie nicht kennt, der kann einer der Glücklichen sein, die dennoch intuitiv das Richtige tun und unbewußt diese Gesetzmäßigkeiten respektieren. Dann wird er von anderen als Lebenskünstler und Glückskind angesehen.

Die Wahrscheinlichkeit ist aber größer, daß er mit dem Leben irgendwo unzufrieden ist und sich als Opfer von äußeren Umständen sieht und meint, daß das Leben ungerecht ist. Es kann auch sein, daß er versucht, die anderen zu ändern, weil er glaubt, daß dann alles leichter wird. Das kostet ihn Kraft, erzeugt neuen Ärger und macht, selbst wenn er scheinbar gewinnt, nicht dauerhaft glücklich, weil die nächste Schwierigkeit schon wieder wartet. Das geht so lang, bis er den Anteil an sich erkannt und in Ordnung gebracht hat. Das ist ein Teil der Gesetzmäßigkeiten.

Im Grunde sind die Gesetzmäßigkeiten einfach. Das, was ein Mensch in die Welt hineingibt, das wird er auch wieder empfangen. Wer Freude schenkt, der wird auch Freude empfangen, wer Kritik übt, der wird Kritik erleben, wer auf jemanden Wut hat und Groll fühlt, der wird genau das gleiche erleiden. Das ist einfach, und doch nicht so einfach im alltäglichen Geschehen zu erkennen. Es sind nämlich nicht unbedingt die Adressaten, denen die Wut oder

Kritik gilt, die Wut oder Kritik an den Absender zurückgeben. Und der Rückhall erfolgt nicht immer gleich. Er kann Tage und Wochen auf sich warten lassen, bis der Absender schon lange nicht mehr an seine Gedanken oder Worte denkt. So wird er den Rückhall nicht als Rückhall erleben, sondern als die Kritik eines anderen, die Wut eines anderen oder die Ablehnung eines anderen. Das Gefühl, das er hatte, und die Thematik, mit der er sich befaßte, kommen wie ein Bumerang in sein Leben zurück. Im Volksmund heißt das: Wie man in den Wald hineinruft, so schallt es heraus.

Wer sich über andere beschwert, der macht sich selbst das Leben schwer, denn er handelt sich Beschwerden ein. Er macht es sich schwer, das sagt schon das Wort. Diese Beschwerden können sich auf verbale Beschwerden beschränken. Dann erlebt er, daß sich ein anderer über ihn beschwert oder er weitere Anlässe erlebt, in denen er sich erneut beschweren kann. Das Thema kann sich ihm auch als körperliche Beschwerden zeigen. Dieser Zusammenhang ist den meisten Menschen aber nicht bewußt.

Peter rieb sich den schmerzenden Nacken und stöhnte über seinen steifen Hals. Danach erzählte er von einigen unerfreulichen Begebenheiten mit den Nachbarn und sagte: „Ich habe mich schon bei ihnen beschwert und schließlich, weil das nichts fruchtete, auch in der Eigentümerversammlung eine Beschwerde wegen dieser Nachbarn vorgebracht." Er sah sich im Recht und war nicht bereit, nachzugeben. Er war halsstarr, genau wie sein Nacken. Seine Beschwerde zeigte sich ihm körperlich. Peter wischte diesen Blickwinkel mit der Bemerkung weg, daß er in der Zugluft gesessen und sich dabei einen steifen Nacken geholt hatte.

Energie bleibt erhalten. Das ist nicht nur in der Physik so. Das gilt auch im Leben. Die Gesetzmäßigkeiten gelten für jeden Menschen gleich. Sie wirken immer, auch wenn sie nicht bewußt genutzt werden. Die Träger von Energie sind auch Gedanken, Worte, Gefühle und die Handlungen, die daraufhin erfolgen. Je häufiger ein Mensch an ein Thema denkt und dabei gefühlsmäßig „anspringt", desto schneller und intensiver wird er in der Realität damit konfrontiert werden, es erleben.

Das Leben denkt nicht für uns mit und entscheidet, ob das von uns erdachte Ziel wirklich in unserem Sinn ist oder nicht. Es ist unsere Sache, die hundertprozentige Verläßlichkeit des Lebens herauszufinden und zu unserem Wohle zu nutzen.

So hat es eine große Bedeutung, womit ein Mensch sich gedanklich und gefühlsmäßig befaßt und wie intensiv er es tut, denn dies hat gleich im Augenblick oder später eine direkte Auswirkung in seinem Leben. Es lohnt sich für Eltern, Achtsamkeit für ihre Gedanken und Gefühle zu entwickeln. Das erleichtert auf Dauer im Alltag das Zusammenleben erheblich. Eine Kleinigkeit mag das deutlich machen:

Die vierjährige Laura trägt gerade eine Schüssel aus der Küche ins Wohnzimmer. Ihre Mutter sieht das und möchte erreichen, daß die Schüssel heil auf dem Eßtisch ankommt. Wenn sie vor lauter Angst sagt: Laura, paß auf, daß die Schüssel nicht herunterfällt, dann betont sie das Wort „fallen" und empfindet wohl auch die Angst vor dem Fallen. Die Wahrscheinlichkeit, daß die Schüssel tatsächlich herunterfällt, ist viel größer, als wenn sie sagt und fühlt: „Laura, halte die Schüssel gut fest!"

Es lohnt sich, beide Formulierungen einmal bewußt auszuprobieren.

So schafft jeder seine Wirklichkeit

Mittels der Gefühle, der Gedanken und Worte schafft sich jeder seine Wirklichkeit. Der Verstand ermöglicht es uns Menschen, unsere Gedanken, Wörter und Gefühle zu wählen.

Das sind bewußte Entscheidungen. Der Verstand macht es uns möglich, ein Bild von unserer Zukunft zu zeichnen und Schritte einzuleiten, die uns diesem selbst gewählten Ziel näherbringen und es schließlich erreichen lassen. Unser Denken soll konstruktiv und zielgerichtet sein.

Beim bewußten Gestalten der eigenen Lebensziele soll auch das Wohl aller anderen Beteiligten im Blick behalten werden. Wir schaden uns selbst, wenn wir ihre Bedürfnisse ignorieren und rücksichtslos unseren eigenen Willen durchsetzen. Auch hier gelten die Gesetzmäßigkeiten. Wer anderen bewußt schadet, der wird selbst Schaden nehmen.

Mit unserem Verstand können wir Situationen analysieren und so erkennen, was sich auf welche Art und Weise ereignet hat und wie es dazu kommen konnte. Das hilft uns, Fehler nicht noch ein zweites Mal zu machen und aus den gemachten Erfahrungen zu lernen.

Der kritische Verstand wird vielfach nachteilig benutzt. Kritiksucht und einengende Bewertungen und Beurteilungen sind Folgen. Sie führen meistens nicht weiter und ersticken manche konstruktiven Lösungsansätze schon im Keim. Anders ist es mit einem kritischen, wachen Beobachten dessen, was ist. Dieses Beobachten beinhaltet ein Achten. Mit dieser Sichtweise ist es möglich, den eigenen Horizont zu erweitern und auch bis dahin unbekannte Möglichkeiten anzuschauen.

Es ist ein sehr großer und grundlegender Schritt, wenn ein Mensch es schafft, Meinungen und Handlungsweisen erst einmal wahrzunehmen, und das heißt auch, als wahr, als real anzusehen, und sich erst dann eine eigene Meinung bildet. Mit der neuen Perspektive tun sich ihm oft gänzlich neue Möglichkeiten auf.

Die Gedanken und Worte und Gefühle eines Menschen bestimmen sein Leben, egal ob er sie laut oder leise denkt. Darum ist es sehr wichtig, diese Gedanken, Worte und Gefühle zu kennen. Bei viertausend Gedanken pro Minute ist es nicht möglich, auch nur einen Bruchteil dieser Gedanken bewußt wahrzunehmen. Die meisten Gedanken werden nicht bewußt gedacht, vielmehr hat sich das Gehirn in hohem Maß selbständig gemacht. Die Gedanken jagen manchem nur so durch den Kopf und beherrschen ihn. Alte Denkmuster laufen automatisch ab und erzeugen eine Wirklichkeit in dem Leben dessen, der dieses Gehirn zwar besitzt, aber nicht immer in eigener Regie benutzt.

Kinder leben im Augenblick. Sie gestalten ihre Welt bewußt und befassen sich nur mit dem, was sie gerade tun. Darum bekommen sie ihre Gedanken und Gefühle mit und können den Zusammenhang zwischen ihren Gedanken und Gefühlen und dem, was sie erleben, leichter erkennen als Erwachsene. Es ist Sache der Eltern, ihrem Kind diese Zusammenhänge bewußt zu machen. Wenn Felix weinend nach Hause rennt, weil ein anderes Kind ihm sein Fahrrad weggenommen hat und ohne ihn zu fragen auf der Straße herumfährt, dann können sie ihm sagen: „Du hast neulich genau das gleiche mit einem anderen Kind gemacht und ihm seinen Ball weggenommen, ohne es zu fragen. Jetzt bekommst du es wieder. Das hast du dir selbst eingeladen. So ist das. Du hast selbst die Verantwortung dafür."

Für Eltern ist es schwieriger, diese Zusammenhänge in ihrem Leben zu erkennen. Sie sind mit ihren Gedanken oft ganz woanders und oft auch da nur mit halber Aufmerksamkeit. Viele ihrer Gedanken sind schon automatisiert. Sie konzentrieren sich mit ihrem Reden und Tun nicht auf ein einziges Ziel, sondern machen mehrere Dinge gleichzeitig. So haben sie nirgends die volle Energie und Aufmerksamkeit. Dadurch bekommen sie oft gar nicht mit, was sie an Situationen, Verhaltensweisen, Reaktionen von Mitmenschen usw. in ihr Leben einladen und womit sie sich auch die Erfüllung mancher Wünsche erschweren.

Dieses gedankliche Abschweifen ist weit verbreitet. Viele Menschen sind gedanklich gar nicht da, wo sie sich körperlich befinden. Sie sind in ihren Vorstellungen in einer anderen Stadt oder bei einem anderen Menschen und machen sich Gedanken um ihn, oder sie denken an die Vergangenheit oder an die Zukunft. Sie leben nicht im Augenblick, sie bekommen ihn gar nicht richtig mit. Das Leben geht an ihnen vorbei, und sie können es nicht bewußt gestalten. Damit verpassen sie aber eine Chance nach der anderen, ihr Leben nach ihren Wünschen zu gestalten.

Das war auch bei Peter und Elisabeth so. Sie wollten ein Baugrundstück finden, auf dem sie ihr Häuschen bauen können. Ihr Denken kreiste um diesen Wunsch und um den geplanten Bau. Sie hatten schon wiederholt ein Grundstück in Aussicht, aber immer wieder kam etwas dazwischen. Also suchen sie noch immer. Das kostet unnötige Kraft und muß nicht so sein.

Für diese beiden jungen Eltern ist es wertvoll, wenn sie ihren Gedanken und Gefühlen auf die Spur kommen, denn das ist ihre Schöpferkraft. Der erste Schritt besteht darin, daß sie sich erst einmal ihre Gedanken und Gefühle bewußt machen, die ihnen durch den Kopf gehen und die sie empfinden.

Sie werden sich wundern, wie oft sie gedanklich abschweifen und nicht ganz bei der Sache sind. Diese Erkenntnis ist sehr wertvoll, denn sobald sie sie haben, sind sie schon wieder im Augenblick da. Auf diese Weise können sie wahrnehmen, welche Gedanken ihnen ungewollt durch den Kopf gehen. Diese ungebetenen Gedanken haben ebenso eine Auswirkung in ihrem Leben wie die Gedanken, die sie bewußt denken.

Es ist gut möglich, daß Peter und Elisabeth das Haus in Wirklichkeit gar nicht in dieser Gegend haben wollen, sondern viel lieber ganz woanders. Dann sollten sie diese Möglichkeit prüfen. Es kann auch sein, daß sie jemandem beweisen wollen, daß auch sie sich ein Haus leisten können oder daß Neid und Groll eine Rolle spielen. Das sind Gedanken, die den gewünschten Erfolg stören. Wenn sie diese Gedanken bemerken, dann brauchen sie sich nicht mehr zu wundern und können an ihrem eigenen Denken etwas ändern. Dann wird entweder das ganze Thema Bauplatz nicht mehr wichtig sein, oder sie finden einen, und zwar so, wie es für sie im Augenblick angemessen ist.

Praktische Übung:
Beobachten Sie Ihre Gedanken bewußt. Sprechen Sie dafür alle Ihre Gedanken laut und betont langsam, damit Sie auch wirklich jeden Gedanken mitbekommen: wenn Sie den Haushalt erledigen, mit dem Auto fahren, mit den Kindern zusammen sind oder die Zeitung lesen. Nehmen Sie jeden einzelnen Gedanken und ihre Gefühle deutlich wahr. Sie werden sich wundern, was Sie alles denken und fühlen. Bewerten Sie Ihre Gedanken und Gefühle nicht, ändern Sie auch nichts.

Diese Übung wirkt noch intensiver, wenn Sie jeden Satz und jede Äußerung zehnmal wiederholen. So zeigen Sie Ihrem Gehirn, daß Sie von jetzt an selber denken und die Qualität der Gedanken bewußt bestimmen wollen. Mit dem betont langsamen Sprechen beschäftigen Sie das Gehirn. So läßt die Zahl der Gedanken nach.

Ich empfehle diese Übung als eine Übung für sechs oder sogar zehn Wochen. Es ist sinnvoll, sie jeden Tag mindestens zweimal eine halbe Stunde lang anzuwenden und sich so das eigene Denken bewußt zu machen.

Leben und Atmen gehören zusammen

Das Leben beginnt mit dem ersten Atemzug und endet mit dem letzten Atemzug. Dazwischen sind ungezählte Atemzüge. Das gleichmäßige Kommen und Gehen des Atems hat etwas Beruhigendes an sich. Es ist unendlich schön, ein schlafendes Kind zu beobachten und sich seinem Atemrhythmus hinzugeben. Manche Eltern stehen abends lächelnd vor dem Bett ihres Kindes und genießen genau das: einatmen, ausatmen – Pause – einatmen, ausatmen – Pause. Eine beruhigende Wellenbewegung.

Doch schenkt im Alltag kaum jemand der Atmung Beachtung. Manche atmen dreimal tief durch, wenn sie in eine aufregende Situation geraten sind. Im übrigen nehmen die meisten ihre Atmung nur wahr, wenn ihnen die Puste ausgeht oder wenn ihre Atemwege erkrankt sind. Der Körper atmet im allgemeinen für den Menschen, weil er den Sauerstoff braucht.

Dabei liegen in der Atmung noch mehr Möglichkeiten. Jeder wird sie gerne nützen, wenn er ihre Wirkung einmal kennengelernt hat. Schon ein paar bewußte Atemzüge genügen, um die innere Ruhe wieder zu finden. Bewußtes Atmen löst Energieblockaden und befreit. Diese Möglichkeit steht jedem zur Verfügung, sie ist jederzeit anwendbar, und sie kostet keinen Pfennig und auch keine Zeit. Im Gegenteil: Sie bringt einen Gewinn an Zeit, weil sie vor all zu heftigen Reaktionen und vor übereilten Handlungen bewahrt. Das bewußte Atmen ermöglicht im jeweiligen Augenblick eine kurze innere Sammlung. Selbst die heftigsten Gefühle lassen nach oder lösen sich binnen Kürze sogar gänzlich auf. Das ist kaum zu glauben, aber es ist dennoch wahr.

Eltern haben oft genug aufregende Situationen mit ihren Kindern. Je besser sie die Nerven bewahren können, desto leichter können sie die verschiedenen Situationen meistern. Das gilt natürlich auch für die Kinder, die in ihren Eltern immer ein Vorbild sehen und daher bereitwillig von ihnen lernen. Eltern geben das bewußte Atmen an ihre Kinder weiter, ganz einfach indem sie es ihnen vorleben und ihnen bei Bedarf zeigen.

Kinder machen im allgemeinen bereitwillig mit und spüren schnell die wohltuende Wirkung der bewußten Atmung. Es hilft ihnen, wenn die Eltern sie in kritischen Situationen daran erinnern und gemeinsam mit ihnen einige Male bewußt ein- und ausatmen. Mit der Zeit wird ihnen diese Verhaltensweise selbstverständlich, und sie wenden das bewußte Atmen von sich aus an, ohne daß sie darüber nachdenken müssen.

In einem Workshop war eine Lehrerin dabei. Sabine konnte sich nicht vorstellen, daß sich durch ein paar bewußte Atemzüge alle unangenehmen Gefühle in Luft auflösen können. Sie wollte wissen, ob sie auf diesem Weg in kritischen Situationen wirklich eine Wende herbeiführen kann, und beschloß, es auszuprobieren.

Schon am Tag nach dem Workshop fand Sabine dafür eine gute Gelegenheit. Sie hatte Pausenaufsicht und sah eine kleine Gruppe von Grundschülern, die miteinander rauften und stritten. Sie ging hin, atmete erst selbst zweimal bewußt ein und aus und sprach sie dann an: „Hört her, ihr dürft gleich wieder weiter streiten. Ich habe gestern gelernt, daß der Ärger augenblicklich weggeht, wenn man in den Ärger hinein atmet. Ich weiß nicht, ob das funktioniert. Ich möchte das ausprobieren. Wir machen das jetzt gemeinsam." Dann stand sie mit den verwunderten Kindern auf dem Hof. Sie schauten sich an und atmeten miteinander bewußt ein und aus. Die Lehrerin kam nur bis zum zweiten Atemzug. Dann rannten die Kinder fröhlich lachend davon. Die sonst üblichen Ermahnungen hatten sich erübrigt.

Beflügelt von diesem Erfolg griff sie bei der nächsten Szene ein, die sich ihr auf dem Schulgang bot. Ein kleiner Junge stampfte und tobte vor der Tür, und die Lehrerin schimpfte ihn. Sabine mischte sich erwartungsfroh ein: „Gehen Sie schon einmal hinein, ich bringe das in Ordnung." Dann sagte sie dem Jungen das gleiche, was sie den anderen gesagt hatte. Sie schaute ihm in die Augen. Sie atmeten beide mehrmals ein und aus. Nach kurzem wußten beide, daß es jetzt gut war. Seine Wut hatte sich aufgelöst. Die Lehrerin begleitete den Jungen ins Klassenzimmer. Er war ganz ausgeglichen. Die Lehrerin, die noch kurz vorher den tobenden Jungen vor der Türe gelassen hatte, sah ungläubig die schnelle Wandlung. Die Kollegin erklärte ihr, was sie gemeinsam mit ihm gemacht hatte. Da begannen sie und alle Kinder der Klasse bewußt ein- und auszuatmen und es einmal selbst zu probieren. Ein friedliches Bild. Die Kollegin machte auch mit.

Praktische Übung:
Schenken Sie Ihrer Atmung Aufmerksamkeit und erleben Sie die Wirkung von einigen bewußten Atemzügen. Einatmen – ausatmen – Pause. Einatmen – ausatmen – Pause. Einatmen – ausatmen – Pause. Spüren Sie das Heben und Senken Ihres Brustkorbs und spüren Sie, wieviel Raum Sie im Mund haben und wo sich die Zunge befindet. Nehmen Sie einfach Ihre Atmung wahr und ändern Sie nichts. Spüren Sie, wo Sie in Ihrem Körper die Atmung spüren.

Diese Übung können Sie überall machen, unter der Dusche, beim Einkaufen, bei der Arbeit, auf dem Spielplatz, wo immer Sie sich befinden.

Während Sie bewußt atmen, sind Sie mit sich selbst in Kontakt. Mit einiger Übung finden Sie in Leichtigkeit mit einigen wenigen Atemzügen Ihre innere Mitte.

Leben und Lernen gehören zusammen

Der Lerntrieb ist dem Menschen von der Natur mitgegeben. Dieser Trieb spornt die Kinder an, daß sie erst sich und später die Welt um sich herum entdecken und vielerlei Fähigkeiten entwickeln. Die Kinder lernen aus einem ureigenen Bedürfnis heraus und sind hoch motiviert.

In den ersten Lebensmonaten lernen die Kinder genauso wie in all den folgenden Monaten und Jahren. Mit der Zeit können sie den Kopf gerade halten, die Augen auf ein Ziel richten, krabbeln, mit den Händen nach Gegenständen greifen, ihre große Zehe in den Mund stecken, sitzen und beginnen auch schon einige Wörter zu sprechen. Schrittweise erkunden sie ihren eigenen Körper und ihre Umwelt und sammeln die verschiedensten Erfahrungen.

Mit diesen vielen kleinen Lernschritten legen die Kinder die Basis für all die kulturellen Fähigkeiten wie Lesen, Rechnen und Schreiben und ein gesundes Sozialverhalten, ohne die ein erfolgreiches Leben und Lernen nicht möglich ist. Damit ein Schulkind einen Text aus dem Buch in sein Heft abschreiben kann, braucht es zahlreiche Fertigkeiten, die es als kleines Kind ausbilden muß, damit es in der ersten Klasse mithalten kann: Es muß das Gleichgewicht und seinen Kopf gerade halten können, es muß seine Augen gleichmäßig und kontrolliert bewegen können, es muß in der Lage sein, sich auf eine Tätigkeit zu konzentrieren, des weiteren braucht es ein leicht bewegliches Handgelenk, ein gutes Gefühl für den richtigen Druck auf der Scheibe, es muß mit der einen Hand das Blatt halten und mit der anderen den Stift führen können, dann muß es über den Pinzettengriff (Daumen und Zeigefinger) verfügen und darüber hinaus in der Lage sein, zwischen Druckschrift und Schreibschrift zu unterscheiden. Ein scheinbar so einfacher Vorgang wie das Abschreiben eines Textes erfordert zahlreiche Voraussetzungen. Dabei sind die genannten Fähigkeiten nur eine unvollständige Aufzählung.

Vielen Erwachsenen ist es selbstverständlich, daß ihr Kind all das später kann. Sie setzen es stillschweigend voraus. Aber immer mehr Kinder haben beim Lernen in der Schule Schwierigkeiten, weil ihnen ein Teil der genannten Voraussetzungen fehlt. Die Gründe und Zusammenhänge sowie Möglichkeiten, den Kindern die erforderliche Starthilfe zu geben, habe ich ausführlich in zwei Büchern beschrieben: „Drück mich mal ganz fest. Geschichte und Therapie eines wahrnehmungsgestörten Kindes" und „Ach so geht das! Wie Eltern Lernstörungen begegnen können."

Das Lernen in den ersten Lebenswochen und Lebensmonaten ist grundlegend. Doch gehen Eltern mit diesem Lernen anders um als später mit dem Lernen in der Schule. Der entscheidende Unterschied liegt in der Bewertung der Erfolge und Mißerfolge des Kindes.

Beim kleinen Kind bewerten Eltern seine Mißerfolge noch nicht als Fehler. Niemand kommt auf die Idee, einen Säugling dafür zu tadeln, daß er einen Fehler gemacht hat, wenn er etwa nach seiner großen Zehe greifen wollte und das Ziel verpaßt hat. Das liegt nicht daran, daß das Kind noch keine Wörter versteht. Es ist eine Frage der Sichtweise. Die Eltern sehen, was das Kind macht und sehen auch, daß es immer wieder nach der Zehe greift. Sie sehen, daß es nicht in Gefahr ist und überlassen es seinen eigenen Versuchen. Sie mischen sich nicht ein, sicher auch, weil sie dem Ganzen nicht so viel Bedeutung beimessen wie sie es später bei schulischen Leistungen tun werden. Vielleicht freuen sie sich zusammen mit dem Kind, wenn es vor Freude jauchzt, weil es nach langem Bemühen das erstrebte Ziel erreicht hat. Und doch geht es um die Augen-Hand-Koordination und um Fingerfertigkeit, zwei wesentliche Voraussetzungen für das spätere Schreiben.

Je älter ein Kind wird, desto häufiger erfährt es, daß sein Tun als „richtig" oder „falsch" kommentiert wird. So kann mit der Zeit eine Angst vor Fehlern entstehen, die doch im Grunde nur wesentliche Bestandteile des Lernens sind. Die Bewertung mit „richtig" und „falsch" ist Eltern oft so selbstverständlich, daß ihnen gar nicht bewußt ist, welche Konsequenz das hat.

Es macht für Kinder einen großen Unterschied, ob das Ergebnis ihres Handelns als ein Fehler gesehen wird oder ob sie auf etwas aufmerksam gemacht werden, das sie bislang noch nicht beachtet haben. Letzteres ist ein hilfreicher Hinweis, der sie weiterbringt, ersteres wirkt eher entmutigend.

Nehmen wir ein Beispiel. Die vierjährige Julia zieht sich selber an. Dabei ist der Reißverschluß ihres Rockes hinten statt vorne. Die spontane Reaktion von Eltern ist dann oft: „Du hast deinen Rock falsch herum angezogen! Komm her, ich ziehe ihn dir richtig an!" Sie könnten auch sagen: „Dein Rock hat einen Reißverschluß. Der gehört nach hinten!" Wahrscheinlich wird Julia dann ihren Rock anschauen und versuchen, den Reißverschluß nach hinten zu bringen. Wenn ihr das nicht gelingt, dann können die Eltern ihr einen weiteren Hinweis geben und bei Bedarf selbst mithelfen. So kann Julia selbständig werden und aus ihrer Erfahrung lernen. Sie weiß jetzt, daß der Reißverschluß ihres Rockes nach hinten gehört und merkt sich das.

Lernen geschieht durch Versuch und Irrtum: Die Kinder probieren alles aus und haben Freude bei ihrem Tun. Sie machen dabei natürlich auch sogenannte Fehler. Ein Fehler ist aber nichts anderes als ein unerwünschtes Ergebnis. Sie machen einfach die Erfahrung: Auf diese Weise, die ich gerade versucht habe, erreiche ich nicht das gewünschte Ziel.

Jeder Fehler ist daher ein wichtiger Lernschritt. Jeder Erwachsene weiß, daß er aus seinen eigenen Fehlern am meisten gelernt hat, insbesondere wenn er bewußt erlebt hat, wie dieser Fehler entstanden ist. Dann kann er es nächstes Mal anders machen. Wenn jemand nur unbewußt etwas tut und mit seinen Gedanken abgeschweift ist, dann kann er aus der Erfahrung nur schwer etwas lernen, ganz einfach deshalb, weil sie ihm nicht zugänglich ist. Er wird sie noch so oft machen, bis er auch diesen Lernschritt bewußt gemacht hat. Das Leben hat Geduld mit jedem einzelnen. Es ist an ihm, daß er bereitwillig den nächsten Schritt geht.

Dabei gibt es kein „richtig" und kein „falsch", es gibt nur Erfahrungen. Das Wort Fehler ist in unserer Gesellschaft ein bewertendes Wort. Auch die Erwachsenen haben oft Angst vor einem Fehler. Doch dann erlauben sie sich nicht zu lernen, weil Fehler ein Teil des Lernens sind.

Die Angst, einen Fehler zu machen, blockiert die Offenheit beim Lernen. Das Leben bringt jeden Menschen, Erwachsene und Kinder, in immer wieder neue Situationen. Daher hört das Lernen nie auf. Das Leben wäre ja auch langweilig, wenn alles immer beim alten bliebe.

Das Leben ist ein beständiges Lernen. So ist es auch, wenn Eltern ein Kind bekommen. Mit ihrem Kind werden sie immer wieder in eine für sie neue Situation gestellt. Sie lernen und wachsen gemeinsam mit ihrem Kind. Sie sammeln ihre Erfahrungen und das Kind sammelt seine Erfahrungen. Eltern, die sich diesem inneren Prozeß öffnen und bereitwillig die Lektionen des alltäglichen Lebens lernen, tun sich leichter als Eltern, die diese Bereitschaft noch nicht entwickelt haben und sich ablehnend verhalten.

Kinder spüren, ob Eltern vor Fehlern Angst haben. Wenn die Eltern Angst haben, einen Fehler zu machen und sich zu blamieren, dann sind auch sie ängstlicher. Anders ist es, wenn die Eltern offen sind für Neues und selbst etwas ausprobieren, von dem sie nicht wissen, ob es sich bewährt oder nicht. Sie werden schon sehen, was bei ihrem Tun herauskommt. Sie lernen aus ihrer Erfahrung. In einer anderen Situation werden sie ein wenig anders vorgehen und schließlich optimale Ergebnisse erzielen. So geht Lernen.

Es ist günstig, wenn die ursprüngliche Neugierde und Lernfreude, die jedes Kind mit auf die Welt bringt, bis ins Erwachsenenalter, ja sogar bis ins hohe Alter erhalten bleiben. Wir leben in einer Zeit des Umbruchs und des schnellen Wandels. Da ist es wichtig, daß jeder sich auch noch als Erwachsener bereitwillig weiterbildet und immer wieder Neues dazu lernt. Das ermöglicht ein erfülltes, reiches Leben. Eltern sind auch hier ein Vorbild für ihre Kinder.

Das innere Wissen der Kinder

Die Kinder folgen einem inneren Bauplan

Eltern bereiten sich auf ihr Elternsein vor, und dann ist doch alles anders als sie es erwartet haben. Eine Mutter erzählte mir einmal bei einem Seminar, daß sie vor der Geburt ihres ersten Kindes gemeinsam mit ihrem Mann einen Geburtsvorbereitungskurs besucht hatte. Sie sagte: „Alles drehte sich die ganze Zeit um diesen einen Tag der Geburt und um die Wochen vorher. Die hätten uns auch sagen sollen, daß danach nichts mehr so ist wie es vorher war und uns auch darauf vorbereiten sollen."

Das kleine Wesen bringt erst einmal alles durcheinander, allein schon durch seine bloße Anwesenheit und seine im Grunde bescheidenen Bedürfnisse nach Nahrung, Wärme, körperliches Wohlbefinden und Sicherheit. Das kleine Kind weiß instinktiv, was es braucht und macht durch Mimik, Gestik, Jauchzen und Lachen oder Weinen und Schreien auf seine Bedürfnisse aufmerksam. Wenn es später sprechen kann, dann sagt es, was es haben möchte oder wo ihm etwas weh tut. Es kann vieles jedoch noch nicht so genau sagen, weil ihm noch die Worte fehlen.

Es braucht eine Weile, bis die Eltern und das Kind eine Verständigung gefunden haben und die Eltern die Signale ihres Kindes verstehen. Manchmal müssen sie verschiedenes ausprobieren, bis sie herausgefunden haben, was ihr Kind meint, andere Male verstehen sie seine Bedürfnisse gleich.

Es ist gut zu wissen, daß ein Kind sich immer meldet, wenn es ein Bedürfnis hat. Das kann den Eltern Sicherheit geben. Das Kind wird ihnen immer ein Signal geben, wenn es Hunger oder Durst hat, ihm zu warm oder zu kalt ist, wenn es die Windel voll hat oder sich aus irgend einem anderen Grund unwohl fühlt und Hilfe sucht. Dabei reagiert es einfach auf die Signale seines Körpers und gibt sie weiter an seine Eltern, die in diesem frühen Alter noch ganz die Verantwortung für ihr Kind haben. Es ist ihre Aufgabe, diese Signale zu entschlüsseln. Sie lernen das ängstliche Weinen von dem müden Weinen und dem schmerzlichen Weinen zu unterscheiden.

Das allermeiste regelt ein Kind aber selbst. Es folgt dabei seinem inneren Bauplan, der ihm den Weg weist. Es weiß genau, wann und wieviel Schlaf es braucht und schläft dann ein und wacht wieder auf. Ebenso spürt es, was und wieviel es essen und trinken muß und bei welcher Temperatur es sich wohl fühlt. Genauso steuert es seine körpereigenen Funktionen selbst von der Atmung bis zur Verdauung. Es weiß auch, welche Lernschritte es jeweils als nächstes braucht und interessiert sich instinktiv für entsprechende Spiele und Beschäftigungen. So gibt es eine Phase, in der Kinder mit unendlichem Eifer Perlen auffädeln und lange Reihen von Autos hintereinander stellen und wieder eine andere Phase, in der sie kleine Teilchen mit spitzen Fingern durch enge Öffnungen stecken. Sie üben dabei jeweils eine andere Fertigkeit. Und dann müssen sie natürlich die Möglichkeit haben, daß sie sich das jeweils Passende auswählen zu können.

Kinder folgen diesem inneren Bauplan. Sie wissen tief in sich selbst, was ihnen gut tut und was nicht. Bei kleinen Kindern geben die Eltern diesem inneren Wissen der Kinder eher nach als bei größeren Kindern. Es ist merkwürdig, daß sie gerade dem ganz kleinen Kind und seinen Signalen mehr trauen als dem schon etwas größeren.

Beim kleinen Kind stellen sie den Brei weg, wenn das Kind nichts mehr essen möchte. Es ist satt. Es ist auch nicht bereit, mehr zu essen, als es Hunger hat. Beim größeren Kind sieht das vielfach anders aus. Wie oft ermahnen die Eltern ihre Kinder und sagen: „Iß doch noch etwas, die Karotten sind doch so gesund und du hattest erst einen Löffel davon! Es ist doch gar nicht mehr viel übrig!" Oder: „Du mußt Milch trinken, die brauchst du, damit du stark wirst!"

Die Eltern meinen es gut, doch zeigen sie damit unbewußt, daß sie dem eigenen Empfinden ihres Kindes für Durst oder Hunger nicht trauen. Das geschieht leider sehr oft. Tatsächlich ist auf diese Weise bei vielen Kindern das instinktive Empfinden für die Nahrungsmenge und auch für die einzelnen Nährstoffe, die sie brauchen oder auch nicht brauchen, verloren gegangen.

Eltern stören das gesunde Empfinden für Hunger und Durst auch, wenn sie ihrem Kind Nahrungsmittel oder Getränke als Trost für einen körperlichen oder seelischen Kummer oder zur Ablenkung anbieten. Sie schaffen damit Verhaltensmuster, die das Kind bis ins Erwachsenenleben behalten kann und die ihm schaden können.

Eltern, denen diese Zusammenhänge bewußt werden, können darauf achten, daß sie diesen so sicheren inneren Kompaß ihres Kindes ernst nehmen und wirklich schätzen. Natürlich müssen sie dabei unterscheiden zwischen den wahren Bedürfnissen eines Kindes und übertriebenen Gelüsten nach Pommes frites und Gummibärchen.

Dieses gesunde Gespür für die ureigenen Bedürfnisse

kann sich jedes Kind erhalten, wenn die Umwelt es ihm erlaubt. Kinder, die unter so glücklichen Bedingungen aufwachsen, werden auch später die Nahrungsmittel und auch die jeweiligen Mengen auswählen, die ihnen gut tun. Sie fühlen sich dann von der Farbe, dem Geruch oder dem Geschmack von solchen Nahrungsmitteln angezogen, deren Inhaltsstoffe sie gerade brauchen. Und dann können sie auch Pommes frites und Gummibärchen essen, wenn sie sie überhaupt noch mögen.

Sogenannte Unarten sind hilfreiche Schlüssel

Kinder, die störend auf sich aufmerksam machen, haben ein Bedürfnis, das nicht erfüllt wird. Durch die Art, in der sie stören, geben sie ihren Eltern einen Hinweis auf das, was sie brauchen. So ist dies auch bei anderen Verhaltensweisen: Kinder machen mit ihrem Verhalten unbewußt deutlich, welche Anregungen sie brauchen. Auch hier wirkt der innere Bauplan und ruft deutlich nach einer Korrektur.

Kinder, die immer wieder körperlich unruhig sind und ein ausgeprägtes Bedürfnis nach Hüpfen und Springen haben, suchen damit meistens eine Anregung für ihren Gleichgewichtssinn. Indem sie dieses Bedürfnis stillen, können sie den nächsten Entwicklungsschritt machen. Sie greifen Hüpfmatratzen, ein Trampolin, eine Schaukel oder Hängematte oder andere Möglichkeiten, ihr Gleichgewicht zu üben, dankbar auf. Sie brauchen eine strukturierende Form der Bewegung. Das Hin und Her einer Schaukel ermöglicht ihnen das ebenso wie das Auf und Ab eines Trampolins. Auch Judo oder eine andere Kampfsportart kann ihnen gut tun, weil sie damit ihr Körpergeschick und eine klare Handlungs- und Bewegungsabfolge schulen.

Kinder, die viel Lärm machen, selbst laut sind und jede Gelegenheit wahrnehmen, um mit einem Gegenstand ein Geräusch zu erzeugen, brauchen eine gezielte Anregung für ihre Hörverarbeitung. Sie werden weniger unsinnigen Lärm machen, wenn sie innerhalb ihres Freiraums und ihrer Umgebung genügend Möglichkeiten finden, mit Geräuschen zu experimentieren und die geeignete Förderung erfahren. Es gibt viele schöne Spielanregungen, bei denen ein Kind grundlegende Erfahrungen mit Klängen machen kann. Ein Hörmemory läßt sich aus leeren Filmdöschen herstellen: Füllen Sie die Döschen mit unterschiedlichen Materialien wie Erbsen, getrockneten Blüten, Grassamen usw. Lassen Sie das Kind das Döschen schütteln. Kann es am Ohr später das Geräusch wiedererkennen und zuordnen? Beliebt ist auch das Herstellen einer eigenen Geräuschkassette und das anschließende Anhören und Wiedererkennen der einzelnen Geräusche. Das ist gar nicht so einfach. Auch Klangkörper vermitteln gute Erfahrungen: Beim Schlagen der Trommel und auch beim Spielen eines Schlagzeugs spürt man die Vibrationen mit dem ganzen Körper.

Der Phantasie sind keine Grenzen gesetzt. Das bewußte Hinhören wird intensiver, wenn dabei die Augen geschlossen werden. Die Konzentration auf den einen Sinneskanal ist dadurch größer. Kinder, die ein ausgeprägtes Verlangen nach einer Förderung des Gehörs zeigen, sprechen auch gut auf eine Förderung des Gleichgewichtssinns an. Aus ihm hat sich entwicklungsgeschichtlich das Gehör entwickelt.

Wieder andere Kinder haben einen ausgeprägten Drang, alles und jedes anzufassen und zu berühren. Sie suchen Anregungen im Bereich des Fühlens. Eltern können ihren Kindern etwas Gutes tun, wenn sie ihnen Verschiedenes anbieten, bei dem sie intensive Tasterfahrungen machen können. Im nassen Sand manschen, mit den Händen Knödel für das Mittagessen formen, Kleistern, Tastspiele und auch ein kräftiges Abrubbeln des ganzen Körpers nach dem Baden mit einem Handtuch. Kinder erleben diese Tasterfahrungen intensiver, wenn nicht gleichzeitig gesprochen wird. Noch bewußter ist die Wahrnehmung, wenn sie dabei auch einmal die Augen schließen. Auch hier läßt sich auf einfache Weise ein Tastmemory herstellen: Kleben Sie unterschiedliche Materialien, ein Stückchen Fell, Wolle, Sandpapier auf einen Karton und lassen Sie Ihr Kind die unterschiedlichen Materialien mit geschlossenen Augen ertasten.

Ähnliche Spiele lassen sich für Kinder finden, die ein besonderes Bedürfnis nach Schmecken oder Riechen haben. Sie sehnen sich nach einer differenzierten Förderung für ihren Geschmackssinn und für ihren Geruchsinn. Sobald sie diese Anregung erfahren haben, sind sie bereit für den nächsten Entwicklungsschritt. Ein Entwicklungsschritt folgt auf den nächsten, und keiner will ausgelassen sein.

Je besser ein Kind die verschiedenen Sinneseindrücke integrieren kann, desto leichter kann es lernen. Es ist wichtig, daß ein Kind alle seine Sinneskanäle und Körpergeschick entwickelt, denn dadurch reift sein Gehirn. Kinder zeigen durch ihr Verhalten, ob sie alles bekommen, was für ihre Entwicklung wichtig ist.

Wenn Eltern diese Signale beachten, machen ihre Kinder gleichzeitig die Erfahrung, daß sie ihre innersten Bedürfnisse ernst nehmen und ihnen trauen dürfen. Das erhöht ihre innere Sicherheit und ihr Selbstvertrauen und erleichtert es ihnen, auch später in vielen Situationen des Lebens intuitiv das Richtige zu tun.

Die Kinder brauchen Begleitung, nicht Erziehung

Mit dieser Einstellung wollen die Eltern ihr Kind nicht „erziehen" im Sinn von „ziehen". Sie ziehen nicht mehr an ihm, um es in eine bestimmte Richtung zu bringen, die gar nicht seinen noch verborgenen Fähigkeiten entspricht. Vielmehr spüren und ahnen sie, daß dieses Kind ein vollkommener kleiner Mensch ist, der nur die richtige Begleitung und Ermutigung braucht, um sich optimal entfalten und zur vollen Blüte kommen zu können.

Und genau so ist es. Die Kinder blühen auf und machen unglaubliche Entwicklungssprünge, wenn die Eltern aufhören, sie in eine bestimmte Richtung erziehen zu wollen und gleichzeitig an ihre innewohnenden Fähigkeiten glauben. Es werden dann auf einmal Kräfte frei, die vorher niemand geahnt hat. Das befreit gleichzeitig die Kinder und die Eltern, denn auch deren gebundene Kräfte werden frei.

Es ist gar nicht leicht, dieses Begleiten in die Tat umzusetzen und mit dem Ziehen wirklich aufzuhören. Die Beziehung zwischen Eltern und Kindern ist eben vielfach von einem Aneinanderziehen geprägt, das wenig Freiraum läßt.

Eine Form von einengender Bindung sind bewußte und unbewußte Erwartungen an die Ausbildung und die künftige berufliche Laufbahn der Kinder. Natürlich haben Eltern Erwartungen an ihre Kinder. Sie wünschen sich vielleicht, daß ihr Sohn einen bestimmten Schultyp besucht und womöglich später ihr Geschäft weiterführen und ausbauen wird. Es gibt viele Erwartungen dieser Art. Solche Erwartungen engen aber ein und erzeugen einengende Bindungen. Das Kind ist dann nicht frei in der Gestaltung seines Lebenswegs. Die Eltern ziehen oder schieben es sanft in eine festgelegte Richtung, von der sie einfach annehmen, daß sie die für das Kind richtige Richtung ist. Oft sind das in Wirklichkeit ihre eigenen unerfüllten Sehnsüchte und Wünsche.

Es kann sein, daß ihr Kind später einmal freiwillig diesen Weg wählt und beispielsweise den Betrieb der Eltern weiterführt. Es tut es dann, weil es selbst es so möchte und nicht nur, weil es die Tradition oder die Eltern so wollen.

Mit der Entbindung beginnt der eigene Weg

Wenn ein Kind geboren ist, dann hat damit sein eigenständiges Leben begonnen. Im Augenblick der Entbindung endet die enge körperliche Bindung an die Mutter. Von da an geht es im Schutz seiner Eltern und seiner weiteren Umwelt seinen eigenen, einzigartigen Weg. Niemand weiß vorher, was dieses Kind für Begabungen und Interessen mitbringt und wohin es seine Schritte im Lauf der Jahre lenken wird.

Es ist beglückend zu sehen, wie ein Kind im Lauf der Wochen und Jahre seine Fähigkeiten und Neigungen entwickelt. Sie sind bei seiner Geburt bereits angelegt und warten nur darauf, entdeckt und geweckt zu werden. Es braucht die begleitende und führende Hand seiner Eltern, bis es seinen Weg alleine gehen kann. Die Ablösung erfolgt dann nicht plötzlich, etwa wenn das Kind später einmal aus dem Haus geht und „seine eigene Existenz gründet".

Wenn Eltern ihr Kind von Anfang an schrittweise frei geben und es erfahren lassen, wie Leben geht, dann gründet es doch genau damit von Anfang an seine eigene Existenz. Das Wort Existenz kommt aus dem Lateinischen und bedeutet Sein, Bestehen. Wenn ein Kind schon bei seinen Eltern das lernt, dann ist es für den jungen Erwachsenen später viel leichter, den Schritt aus der angestammten Familie zu tun. Das wird dann als ein Schritt erfahren und nicht als Schnitt. Es weiß, wie Leben geht und kann sich daran machen, sein Leben bewußt zu gestalten.

So ist das Kind ein Gast, der die Eltern nach seinem Weg fragt und sich bereits im Augenblick der Entbindung körperlich von seiner Mutter löst. Das Band, das sie beide neun Monate lang verband, ist gelöst und nicht mehr erforderlich, es ist ent-bunden. Die Sprache zeigt sehr deutlich, um was es bei der Geburt geht: Das Lösen einer Bindung ist angesagt. Von da an sollen und dürfen Mutter und Kind ein eigenes Leben führen. Dennoch wird die Bindung in diesem Moment oft erst richtig eng.

Natürlich gibt es noch für eine lange Zeit nach der Geburt eine große Nähe zwischen dem Kind und seinen Eltern. Das Kind braucht ihre liebevolle Begleitung noch für viele Jahre. Die Aufgabe der Eltern besteht darin, ihrem

Kind zu helfen, seinen eigenen Weg zu finden und es auf seiner Reise ein Stück weit zu begleiten, wohin seine Reise auch immer gehen wird. Das Reiseziel kennen die Eltern am Anfang seines Lebens noch nicht. Sie helfen ihm, sein Reiseziel zu erkennen und ihm seinen Weg zu weisen. So sind die Eltern der Bogen, von dem aus die Kinder als Pfeile ins Leben ausgeschickt werden.

Der Dichter Khalil Gibran, den ich sehr liebe, schreibt dies in seinem Buch „Der Prophet" in dem Gedicht „Von den Kindern":

„Eure Kinder sind nicht eure Kinder.
Sie sind die Söhne und Töchter der Sehnsucht
Des Lebens nach sich selber.
Sie kommen durch euch, aber nicht *von* euch …
Ihr seid die Bogen, von denen eure Kinder als lebende Pfeile ausgeschickt werden."

Raum für sich selbst

■ **Kinder brauchen Freiräume mit klaren Begrenzungen**

Klare Regeln und klare Grenzen geben Sicherheit

Kinder brauchen klare Regeln und klare Grenzen. Sie fühlen sich erst dann sicher, wenn sie die klaren Grenzen spüren, ohne die sie im weiten Raum verloren sind. Regeln sind für die Kinder Grenzmarkierungen. An ihnen können sie sich orientieren. Je besser sie schon allein zurecht kommen, desto weiter können diese Grenzpflöcke gesteckt werden. So wächst der Freiraum allmählich mit dem Kind.

Wenn ein Kind die Grenzen nicht eindeutig erkennen kann, dann muß es jeden Tag von neuem prüfen, ob es Grenzen gibt und wo die Grenzen sind. Es will sich auf sie verlassen können. Eltern, die ihren Kindern keine eindeutigen Grenzen aufzeigen, überfordern damit ihre Kinder und machen sie hilflos. Sie geben ihnen keinen Halt. So werden auch die Kinder haltlos. Sie sind dann außer Rand und Band und benehmen sich auch so. Im Grunde schreien sie mit ihrem Verhalten nach Grenzen und Regeln. Auch hier zeigt die Unart, wo das Kind Hilfe und Führung braucht.

Eltern hören diese unterschwellige Botschaft ihrer Kinder aber oft nicht. Es wäre aber sinnvoll, sich Gedanken zu machen, ob sie ihren Kindern klare Regeln gegeben haben und ob sie sich dafür einsetzen, daß sie diese Regeln auch einhalten. Oft werden Eltern genau in diesen Augenblicken laut und schreien ihre Kinder an: „Könnt ihr nicht ruhig sein ..." Damit stellen sie aber aus der Sicht der Kinder eine unsinnige Frage. Oft erreichen sie sie mit ihrem Wortschwall nicht einmal. Sie sind erregt und aufgebracht. Das ist in der Situation verständlich. Doch ist es notwendig sich zu fragen, warum diese Situation entstehen konnte.

Wenn die Kinder erst einmal außer Rand und Band sind, dann haben sie schon lange die Grenze überschritten. Die Eltern haben den Augenblick verpaßt, in dem die Kinder die Grenze erreicht und überschritten haben. In diesem Augenblick, wo sie die Grenze erreichen, brauchen die Kinder einen Hinweis. Da sind die Eltern auch noch nicht wütend. Zum Anschreien kommt es erst, wenn die Kinder dauernd die Grenze überschreiten und schließlich zu weit gehen, also die Grenze noch weiter hinter sich lassen. Sie haben den Freiraum, in dem sie sich frei bewegen dürfen, verlassen. Das bringt Ärger und auch Gefahr. Denn Grenzen haben einen Sinn, auch wenn die Kinder diesen Sinn noch nicht immer erfassen können. Sie müssen den genauen Sinn auch nicht immer erfassen können. Dafür sind sie Kinder.

Ich habe Eltern erlebt, die in dem Augenblick, als ihre Kinder eine Regel mißachtet haben, klar und deutlich „Grenze" sagten. „Philip, Grenze! Erst ziehst du die Schuhe aus und stellst sie ins Schuhregal. Dann darfst du hereinkommen." Die Stimme war dabei freundlich. Es war einfach eine klare Aussage.

Für manche Kinder ist es schwieriger als für andere, sich an Grenzen zu halten. Kinder, die rein körperlich ihre Grenzen nicht deutlich erfahren, haben es auch in ihrem Sozialverhalten mit Grenzen deutlich schwerer. Dazu gehören Kinder mit Wahrnehmungsstörungen. Sie müssen erst lernen, ihren Körper eindeutig zu spüren. Auch die Geburt durch einen Kaiserschnitt kann in diesem Zusammenhang gesehen werden. Der natürliche Geburtsvorgang ermöglicht jedem Kind eine äußerst intensive körperliche Erfahrung. Kaiserschnitt-Kinder haben hinsichtlich des Erfahrens ihrer körperlichen Grenzen oft einen Nachholbedarf. Ihnen tut alles gut, was ihre Sinne und ihr Körpergefühl stärkt.

Das ist die eine Seite, die es einem Kind erleichtert, im Alltag Grenzen zu respektieren. Es gibt noch eine zweite Seite.

Ein Kind kann sich an die von seinen Eltern und anderen Erwachsenen und auch Kindern vorgegebenen Grenzen wesentlich leichter halten, wenn es erfährt, daß auch sie seine Grenzen respektieren. Eltern, die sich als eine Einheit mit ihrem Kind fühlen und sich mit ihm identifizieren, vermitteln ihrem Kind damit, daß es keine Grenze zwischen ihnen gibt. Sie erkennen es damit nicht als eine eigenständige Persönlichkeit mit eigenen Grenzen an. Wie schnell identifizieren sich Eltern mit den Erfolgen und auch den Mißerfolgen eines Kindes und auch mit seinen Bedürfnissen.

Am leichtesten ist es für Eltern, wenn sie sich bewußt machen und sich dies klar vor Augen führen, daß es vom Augenblick der Geburt an bei aller inniger Nähe eine Grenze zwischen ihnen und ihrem Kind gibt und geben muß. Wenn Eltern diese Grenze annehmen können, dann haben sie damit eine wesentliche Voraussetzung dafür geschaffen, daß ihr Kind sich an alltägliche Regeln und Grenzen halten kann.

Das ist mein Bereich, und das ist dein Bereich

Eltern kommen mit dem ganzen Aufzeigen von Regeln und Grenzen leichter klar, wenn sie in ihrer Vorstellung für sich und für das Kind jeweils einen eigenen Bereich, einen eigenen Freiraum schaffen. Dieser Freiraum hat klare Grenzen nach oben und unten, nach vorne und hinten und nach den Seiten. Er ist so groß, daß der Mensch, der in seiner Mitte steht, seine Hände nach allen Seiten ausstrecken kann. Der ganze Raum, den er mit seinen Händen erreichen kann, ist sein persönlicher Freiraum. Ein Kind ist kleiner als ein Erwachsener. Daher ist der Freiraum, in dem es sich bewegt, kleiner als der Freiraum eines Erwachsenen. Diesen Freiraum nimmt jeder auf Schritt und Tritt mit sich mit, und der Freiraum wächst mit seinen Fähigkeiten.

Dieser Freiraum ist nur dann da, wenn der Erwachsene oder das Kind ihn als solchen empfindet. Sie müssen ihn sich erst aneignen und von ganzem Herzen auch innerlich erlauben. Dann steht er ihnen zur Verfügung, und niemand wird in diesen Bereich ungefragt eindringen und die Grenze überschreiten. Das geht aber wirklich nur dann, wenn derjenige sich seines persönlichen Freiraums auch bewußt ist. Dieses Gefühl eines eigenen Freiraums strahlt er aus. Seine innere Freiheit und die Grenzen sind auch für andere fühlbar.

Ich biete im Rahmen meiner Workshops eine Freiraum-Übung an. Dafür stellt sich jeder an einem Platz auf, der groß genug ist, daß er sich dort mit ausgebreiteten Armen im Kreis drehen kann. Dann dreht er sich langsam um die eigene Achse und fühlt den Raum, den er dabei mit ausgebreiteten Armen einnimmt. Danach streckt er seine Armen nach oben und danach nach unten, so daß der Freiraum nach allen Richtungen begrenzt ist. Gleichzeitig sagt er: „Das ist mein Bereich."

Manchen Teilnehmern, insbesondere Müttern, fällt es sehr schwer, sich einen eigenen Freiraum zu schaffen. Sie glauben, daß sie egoistisch sind und bringen es anfangs nicht übers Herz, ihre Arme auszubreiten. Sie winkeln die Arme an und schaffen einen möglichst kleinen Raum. Die Vorstellung, daß ihr Kind sich ebenfalls einen solchen Raum schaffen kann, tut ihnen weh. Sie fühlen sich von ihm abgeschnitten und glauben, daß sie es allein lassen. In Wirklichkeit engen sie es aber ein, indem sie weder sich noch ihm einen eigenen Freiraum gewähren.

Den meisten Teilnehmern, denen es so ging, war es nicht bewußt gewesen, daß sie selbst sich keinen Freiraum erlauben und daß sie sich ihrem Kind am liebsten ganz nah fühlen. Ihnen wurde mit einem Mal die Enge bewußt, die sie dadurch erzeugten. In diesem Augenblick änderte sich für sie etwas. Von jetzt an hatten sie die Wahl, ob sie so weiter machen wollten wie bisher einschließlich der permanenten Grenzüberschreitungen der Kinder oder ob sie sich bewußt für den jeweils eigenen Freiraum von Mutter und Kind entscheiden wollten. Es ist offensichtlich, daß Kinder die Grenzen, die ihre Eltern ihnen setzen, erst dann respektieren können, wenn auch die Eltern diese natürliche Grenze beachten.

Diese Übung braucht eine regelmäßige Wiederholung über einen Zeitraum von einigen Wochen, bis sie ihre dauerhafte heilsame Wirkung entfalten kann. Durch das tägliche Wiederholen dieser Übung führen sich die Eltern täglich den eigenen Freiraum und den Freiraum des Kindes vor Augen. Das Gefühl davon, daß es diese Freiräume gibt, muß allerdings tief im Herzen ankommen. Ein bloßes Nachsprechen und eine bloß gymnastische Armbewegung haben keine Wirkung.

Eine Mutter hatte in wenigen Wochen mit dieser Übung eine großartige Wandlung erfahren. Gabi hatte sie daheim gemeinsam mit ihren drei Kindergarten- und Grundschulkindern gemacht, die diese Übung begeistert mitmachten. Gelegentlich machen sie noch immer diese Übung. Für Kinder ist es ein Leichtes und eine Freude, sich einen Freiraum zu erlauben.

Jetzt stand sie strahlend und selbstbewußt da und zeigte, wie sie die Übung macht: „Ich stelle mich hin und breite meine Arme aus und sage jedem: ‚Das ist mein Königreich‘

und dann schaue ich die Kinder an und sage: ‚Und das ist dein Königreich'. Ich hatte ihnen erst gezeigt, wie die Freiraum-Übung geht, und dann ist das daraus entstanden. Wir sind alle Könige, und wir haben alle eine Krone auf. Unsere Haare sind unsere Kronen. Und wir besuchen uns. Keiner kommt auf die Idee, am anderen herumzumeckern. Wir haben einfach gute diplomatische Beziehungen miteinander. Seit ich auch den Freiraum der Kinder so erlebe und wir uns alle als Könige empfinden, kann ich die Kinder mit ihren eigenen Erfahrungen noch viel besser achten. Seitdem sind sie viel selbständiger geworden. Das ist wirklich offensichtlich. Und ich habe endlich mehr Zeit für mich."

So geht Leben: Die Mutter schafft sich mehr Freiraum und beschäftigt sich in Gedanken und auch gefühlsmäßig mit mehr Freiraum. So schafft sie ihre Wirklichkeit. Sie erntet, was sie sät: Freiraum. Es ist gut für Kinder zu wissen, wie einfach das ist.

Praktische Übung
Suchen Sie sich eine Stelle, an der Sie sich wohl fühlen, und stellen Sie sich dorthin. Breiten Sie Ihre Arme aus und drehen sich langsam um die eigene Achse. Empfinden Sie den Raum, den Sie einnehmen. Erlauben Sie sich diesen Raum als Ihren Freiraum? Wenn Ihnen der Raum zu groß vorkommt, dann nehmen Sie anfangs die Hände näher an sich heran, gerade so, daß Sie den nun entstehenden Raum als Ihren Freiraum annehmen können.

Wiederholen Sie dabei laut: Ich erlaube mir Freiraum. Das ist mein Bereich.

Führen Sie diese Übung vier Wochen lang täglich drei Mal oder auch häufiger durch. Nehmen Sie sich dafür soviel Zeit, daß Sie den Freiraum wirklich gefühlsmäßig spüren. Das können zwei Minuten oder auch zehn Minuten sein.

Eigene Verantwortung bringt innere Freiheit

Die Verantwortung beginnt bei kleinen Dingen

Was heißt „Verantwortung übernehmen"? Es heißt doch ganz einfach, sich selbst die Antwort geben, danach handeln und für die Auswirkungen gerade stehen. Das ist die eigentliche, wörtliche Bedeutung von „Verantwortung". Jeder, der in einem Bereich Kompetenz erworben hat, kann für eben diesen Bereich die Verantwortung übernehmen. Er handelt so, wie er es für richtig hält, und sieht dann schon, was dabei herauskommt. Für die Auswirkungen steht er gerade. Sobald Fragen auftauchen, für die er sich selbst keine oder noch keine Antwort geben kann, fragt er andere.

Auch Kinder können schon Verantwortung übernehmen. Es tut ihnen sehr gut, wenn ihre Eltern ihnen das erlauben. In manchen Dingen haben die Kinder sogar ein Anrecht darauf, daß sie die Verantwortung selbst für ihre Handlungsweise übernehmen dürfen. Alles, was sie selber tun können, sollen sie selber tun dürfen. Sie wollen doch selbständig werden und lernen, im Alltag zurechtzukommen. Also sollen sie sich auch selbständig die Schuhe anziehen dürfen, wenn sie es schon können, und ein Brot streichen, die Wurst beim Essen klein scheiden und das Getränk ins Glas gießen. Das alltägliche Leben bietet reichlich Möglichkeiten, Verantwortung zu üben.

Am Anfang haben die Kinder einen sehr kleinen Bereich, für den sie Verantwortung haben. Er wächst mit ihren Erfahrungen und Fähigkeiten. Sie erleben immer wieder neu, was sie schon alles können und machen auch die Erfahrung, daß ihre Eltern ihnen trauen und sie schon manches selbständig tun und entscheiden lassen. Das macht sie stark und innerlich frei und unabhängig. Kinder, die in einem langsam größer werdenden Freiraum aus ihren eigenen Erfahrungen lernen dürfen, sind ganz wache Kinder mit einer starken, gewinnenden Ausstrahlung und einem angenehmen Selbstbewußtsein. Sie werden auch als Erwachsene ihr Leben mit zwei Händen in die Hand nehmen.

Ich ermuntere Eltern immer, daß sie ihrem Kind erlauben, im Alltag möglichst viel eigene Verantwortung haben zu dürfen und so selbständig wie möglich entscheiden und handeln zu dürfen. Zu dieser Verantwortung gehört natürlich auch die Freude am Erfolg, die dann ganz dem Kind gehört, und auch die Bereitschaft, für einen entstandenen Schaden aufzukommen und beispielsweise das Wasser selbst aufzuwischen, das beim Eingießen verschüttet wurde.

Kinder können gut Verantwortung für sich übernehmen, solange sie nicht überfordert werden. Sie können auch Mißerfolge leichter hinnehmen als so mancher Erwachsene, da sie noch nicht bewerten. Wichtig ist es, daß die Eltern in solchen Augenblicken nicht bewertend eingreifen, sondern ihrem Kind erlauben, daß es die Konsequenz seines Handelns unmittelbar im Augenblick erfährt. Das, was passiert ist, ist passiert. Es ist die Folge seines Tuns. Wenn sie es dabei innerlich gelassen und mitfühlend begleiten, erleichtern sie ihm das Lernen erheblich. Bei Gefahr greifen sie jedoch sofort ein, sonst nur, wenn das Kind sie darum bittet.

Konsequenz gehört zum Leben

Eltern fällt es oft schwer zu ertragen, daß ihre Kinder die Konsequenzen ihres Handelns erleben. Sie empfinden Konsequenz als grausam oder hart und sehen darin eine Strafe. Das ist aber nicht so. Eine Konsequenz ist keine Strafe, sondern eine logische Folge einer vorausgegangenen Handlungsweise. Aus diesem grundlegenden Mißverständnis heraus greifen Eltern lieber vermeintlich schützend ein und übernehmen eine Aufgabe, die eigentlich die Aufgabe des Kindes ist. Oftmals ärgern sie sich dabei, weil sie etwas tun, was sie nicht wirklich tun wollen, beispielsweise das

Wasser aufwischen, das das Kind ausgeschüttet hat. So bleibt die Konsequenz jedoch nicht beim Kind. Natürlich werden sie einem kleinen Kind, das das noch nicht selber kann, dabei helfen, aber es soll doch wenigstens mitmachen. Auch Eltern fühlen sich dann wesentlich wohler, weil nicht der Unmut in ihnen staut.

Kinder, die Konsequenzen erleben dürfen, schließen Bekanntschaft mit den grundlegenden Gesetzmäßigkeiten des Lebens. Ihr Handeln hat immer eine direkte Auswirkung auf sie selbst. Das ist im ganzen Leben so. Das gilt für die angenehmen Dinge ebenso wie für die unangenehmen. Kinder, die diese grundlegende Erfahrung schon in ihrem Elternhaus machen dürfen, besitzen einen großen Pluspunkt. Sie haben eine wesentliche Grundregel des Lebens kennengelernt. Dieses Wissen macht frei und fordert Eltern und Kinder heraus. Eigener Einsatz ist gefragt und bringt dann auch den gewünschten Erfolg. Jeder kann sein Leben in eigener Verantwortung gestalten und dabei all seine Fähigkeiten zum eigenen Wohl und zum Wohl der anderen einsetzen. Auch das lohnt sich, denn auch dieser wohlwollende Einsatz kommt dem Urheber zugute.

Es bedeutet für sein weiteres Leben eine unschätzbare Erleichterung, wenn ein Kind diesen Zusammenhang zwischen Ursache und Wirkung schon früh in der Obhut seiner Eltern erfährt. Es lernt schrittweise, die Verantwortung für sein Handeln zu übernehmen und weiß sich gleichzeitig geschützt, da die Eltern immer dann eingreifen, wenn es in Gefahr gerät.

Die große Chance des frühen Lernens ist, daß die Kinder mit der übernommenen Verantwortung am eigenen Leib erfahren, wie Leben geht. Nur mit diesem Wissen können sie ihres Glückes Schmied werden.

Für Eltern ist es nicht immer leicht, diesen Weg zu gehen und ihren Kindern die Verantwortung im Rahmen ihrer Fähigkeiten zu gewähren. Es schmerzt sie oft sehr,

wenn sie miterleben, wie ihr Kind gerade eine unangenehme Erfahrung macht und beispielsweise einen ab-
geräumten Eßtisch vorfindet, wenn es zu spät zum Essen
gekommen ist. Das ist aber nur eine Konsequenz des Zu-
spätkommens. Leicht schleichen sich Schuldgefühle ein,
und oft genug mischt sich noch ein anderer Erwachsener
mit einer Bemerkung ein. Es ist wichtig, daß Eltern hinter
sich selbst stehen und sich bewußt machen, daß ihr Kind
gerade eine wichtige Erfahrung macht und aus der Konsequenz seines Tuns lernt. Dabei wachen die Kinder auf.

Das Erleben einer Konsequenz ist nur einige wenige
Male erforderlich und hilft einem Kind auf Dauer viel
mehr als ungezählte Ermahnungen und genervte Blicke
seiner Eltern, die sauer sind, weil sie glauben, daß sie alles
viele Male sagen müssen. Indem sie ihrem Kind ermöglichen, daß es aus den Folgen seines Handelns oder Nicht-
Handelns lernt, zeigen sie, daß sie an seine Fähigkeiten
glauben, sich selbst zu organisieren. Das ist ein Vertrau-
ensbeweis. Es ist auch ein Zeichen von elterlicher Liebe,
wenn sie ihrem Kind den Weg ebnen, sein Leben in Eigenverantwortung in die Hand zu nehmen.

Auf dieser Basis gedeiht ein angenehmes, herzliches und
offenes Klima zwischen Eltern und Kindern.

▪ Selbstbewußtsein kann jeder entwickeln

Das natürliche Selbstbewußtsein der kleinen Kinder

Kleine Kinder haben ein natürliches Selbstbewußtsein.
Die wörtliche Bedeutung von Selbstbewußtsein erschließt
den eigentlichen Sinn. Selbstbewußtsein heißt selbst bewußt sein, bewußt den Augenblick erleben mit der ganzen
inneren Präsenz.

Kinder sind in diesem Sinn selbstbewußt. Sie leben vollkommen im Augenblick und reden bewußt, handeln be-

wußt und sind mit ihrer ganzen Aufmerksamkeit da. Sie sind echt. Ihr Blick sagt das gleiche aus wie ihre Mimik, ihre Gestik, ihre Stimme und ihr ganzes Verhalten. Dabei sind sie neugierig und offen für alles, was sich ihnen anbietet. Sie sind einfach vollkommen da. Sie öffnen sich mit all ihren Sinnen und mit jeder Faser ihres Seins dem Leben und dem Augenblick. Sie bringen sich mit all den Erfahrungen, die sie bereits gemacht haben, ein. Jede neue Erfahrung ermöglicht ihnen mehr Wissen über sich und ihre Welt.

Das so verstandene Selbstbewußtsein steht in direktem Zusammenhang mit dem Lernen. Wer mit seiner ganzen Aufmerksamkeit und mit allen Sinnen im Augenblick präsent ist, bekommt alles mit und lernt viel leichter als jemand, der mit seinen Gedanken und seiner inneren Anteilnahme nur teilweise dabei ist. Dieses natürliche Selbstbewußtsein ermöglicht es Kindern, daß sie beim Lernen instinktiv genau an der richtigen Stelle ansetzen.

Sie überfordern sich nicht, und sie unterfordern sich auch nicht. Sie setzen genau da an, wo es für ihre Entwicklung am besten ist. So folgen Kinder instinktiv ihrem inneren Bauplan. Kinder können ihre Stärken und Schwächen bemerkenswert realistisch einschätzen. Auch das gehört zu dem natürlichen Selbstbewußtsein der Kinder. Sie wissen, wie es um sie steht.

Manchmal über- oder unterfordern die Eltern ihre Kinder. Die Kinder geben ihnen Signale, wenn das geschieht. Sie langweilen sich dann oder quengeln, wenn sie nicht das bekommen, was sie für ihre Entwicklung brauchen. Dabei kann Langeweile ebenso ein Hinweis für Überforderung wie für Unterforderung sein. Ebenso merken es die Eltern an ihren Kindern, wenn sie glücklich sind und in sich ruhen.

Das natürliche Selbstbewußtsein der Kinder ist ein wesentlicher Schlüssel für die Leichtigkeit, mit der ihnen das Leben und das Lernen in diesem Alter gelingt. Es ist unglaublich, was sie in den ersten sechs Jahren ihres Lebens lernen: die motorische Geschicklichkeit, die Muttersprache, Lieder, Sozialverhalten und erste Kulturtechniken. Das alles lernen sie am besten bei alltäglichen Gelegenheiten und im Spiel, wirklich mit spielerischer Leichtigkeit.

Dieses natürliche Selbstbewußtsein ist nicht das Selbstbewußtsein, von dem mancher gerne mehr hätte: Damit ist die Überzeugung vom eigenen Wert und Können gemeint, die manchmal auch das Gefühl von Überlegenheit beinhaltet, das im ungünstigen Fall in Überheblichkeit mündet. Solch ein inneres Verhalten lernen Kinder erst mit der Zeit kennen. Es ist ihnen nicht angeboren. Das Selbstbewußtsein der Kinder ist eine natürliche, starke und selbstverständliche Präsenz. Sie geht einher mit dem sicheren Gefühl für die eigenen grundlegenden Bedürfnisse, Fähigkeiten und Grenzen.

Die Kinder können sich dieses natürliche Selbstbewußtsein ebenso erhalten wie ihr natürliches Empfinden für ihre Bedürfnisse nach Nahrung und Schlaf. Dann werden sie auch noch als Erwachsene aufmerksam und offen sein für Neues und gleichzeitig stark und wach genug sein, damit niemand sie gegen ihren Willen für seine Ziele einspannen kann. So lernen und leben sie leichter. Daraus erwächst dann später ein Selbstbewußtsein, das auf Überheblichkeit gut verzichten kann.

Damit das möglich ist, brauchen die Kinder die sichere Führung ihrer Eltern, die sie immer wieder darin bestärken, ihr Leben selbst bewußt in die Hand zu nehmen und sich selbst zu Wort kommen zu lassen. Wie das geht? Die Kinder zeigen es ihren Eltern. Gerade in dieser Hinsicht können Eltern viel von ihren Kindern lernen. Die unvoreingenommene Offenheit und innere Präsenz der Kinder ist vorbildlich. Sie leben bewußt und sind mit sich und ihren Gefühlen und Bedürfnissen in Kontakt, und sie melden sich, wenn sie etwas brauchen.

Die innere Stimme ist sehr leise

Das natürliche Selbstbewußtsein kommt nicht von allein ins Wanken. Dies geschieht erst durch den Vergleich mit anderen Kindern und in der Bewertung nach Wertmaßstäben, die in der Gesellschaft Gültigkeit haben und als Maßstab anerkannt werden. Dabei hat jedoch jeder Mensch einen anderen Blickwinkel und oft auch einen anderen Maßstab.

Schwierig wird es für ein Kind, wenn sein Verhalten vom einen als falsch und vom anderen als richtig angesehen wird oder seine Leistung vom einen als gut und vom anderen als schlecht beurteilt wird. Das kann ein Kind verwirren und zeigt, wie wichtig es ist, daß es auch eine eigene Meinung hat und hinter ihr stehen kann. Von diesem sicheren Bezugspunkt aus kann es sich anderen Meinungen öffnen und seinen Horizont erweitern. Da jeder Mensch einen etwas anderen Blickwinkel hat, bereichert er mit seiner Meinung immer die Sichtweise der anderen. Es erfordert die Aufmerksamkeit der Eltern, daß sie bei ihrem Kind immer wieder seine eigene Meinung erfragen.

Kinder, die sich in erster Linie in ihrem Selbstverständnis an der Meinung der anderen orientieren, verlieren schnell ihr natürliches Selbstbewußtsein. Sie verlernen es, auf ihre innere Stimme zu hören. Sie ist viel leiser als all die Reize, die von außen auf die Kinder einstürmen. Sie will bewußt gehört werden. Statt sich zu fragen „Was möchte ich wirklich? Wie finde ich das selbst?" werden sie auch noch als Erwachsene oft als erstes fragen: „Was sagen denn die Leute?" oder: „Was soll ich jetzt tun?"

Eltern geben ihrem Kind einen großen Schatz mit auf seinen Lebensweg, wenn sie ihm ermöglichen, daß es den Kontakt mit seiner inneren Stimme aufrecht erhält. Das kann in vielfältigen alltäglichen Situationen geschehen.

Ein eindrückliches Beispiel lieferte ein dreijähriges

Mädchen, als es freudig seiner Mutter ein Blatt hinhielt. Darauf hatte es etwas gezeichnet und wollte es ihr zeigen und einfach seine Freude mit ihr teilen: „Schau, Mama, das habe ich gemalt!" Die Mutter nahm das Blatt, schaute das Bild an und machte eine kritische Miene. „Was soll denn das sein? Das kann ich nicht erkennen!" Da veränderte sich der Gesichtsausdruck von dem Mädchen und auch seine Stimme. Mit einem unsicher wirkenden Ton sagte es dann: „Das ist ein Schiff. Findest du mein Schiff schön?" Bis zu diesem Zeitpunkt hatte es an seinem Bild nicht gezweifelt. Jetzt war es sich nicht mehr so sicher, ob es damit den Ansprüchen der Mutter genügte. Es war von dem ruhenden Pol in sich selbst nach außen gekippt und machte sich von der Meinung seiner Mutter abhängig.

Diesen ruhenden Pol kann es wiederfinden oder noch besser: Es braucht ihn gar nicht erst zu verlieren. Eltern können ihrem Kind dabei helfen und es fragen: „Wie findest du selbst dein Bild?" Und wenn es dann sagt: „Schön!" dann ist das doch das Wichtigste. So lernt ein Kind sich selbst einzuschätzen. Kinder sind dabei ganz ehrlich. Dann machen ihnen die Noten und Bewertungen in der Schule und die Bemerkungen von anderen nicht so viel aus. Sie haben neben der Meinung der anderen ihre eigene Meinung von sich, die für sie zählt. Das macht sie stark und selbstbewußt. Sie wissen, was sie können und was sie wollen.

So können sie auch später den Anforderungen des Lebens besser standhalten und sich dabei treu bleiben.

Innere Sicherheit und natürliches Selbstbewußtsein gehören zusammen

Der gute Kontakt mit der inneren Stimme hat einen direkten Zusammenhang mit dem natürlichen Selbstbewußtsein. Das Selbstbewußtsein bleibt lebendig und entfaltet sich, wenn Kinder lernen, immer wieder sich selbst zu spüren und mit sich in Kontakt zu sein. Das erfordert einfach die Präsenz im Augenblick und das bewußte Erleben von sich selbst in diesem Augenblick.

Die meisten Erwachsenen verlieren sich schnell in den alltäglichen Dingen, die sie umgeben. Sie vergessen, sich selbst zu befragen und sich selbst zu spüren. Das ist wichtig, denn es ermöglicht ihnen einen festen Bezugspunkt, von dem aus sie kraftvoll handeln und weit mehr bewirken können, als wenn sie mit ihrer Aufmerksamkeit von einem Ding zum nächsten springen.

Wie gewinnt ein Erwachsener dieses natürliche Selbstbewußtsein wieder? Und wie kann er es bei seinem Kind stärken? Es erfordert als erstes den bewußten Entschluß, dieses natürliche Selbstbewußtsein wirklich wieder gewinnen zu wollen. Als zweites bedeutet es, daß der Erwachsene sich mit all seinen Sinnen auf das konzentriert, was er gerade macht. Er lenkt seine Aufmerksamkeit vollständig auf eine einzige Beschäftigung und beobachtet sich dabei. Was tut er? Was fühlt er mit den Händen? Was sieht er? Welches Gefühl hat er dabei? Was denkt er dabei? Was möchte er bewirken?

Kleine Kinder sind ganz bei der Sache, wenn sie etwas tun. Erwachsene können es wieder lernen. Sie werden binnen Kürze erkennen, daß Sie auf diese Weise viel schneller sind als wenn Sie in Eile alles gleichzeitig machen. Es ist eine Illusion, daß man mit seinen hektischen Aktivitäten schneller ist.

Es ist normal und verständlich, daß die Gedanken noch eine lange Zeit zwischendurch abgleiten und sich selbständig machen. Es ist schon ein großer Erfolg, wenn das Abgleiten der Gedanken bewußt wird. In diesem Augenblick können sie ja schon wieder bewußt wahrgenommen werden. Es ist interessant zu wissen, welche Gedanken durch den Kopf gehen, denn die Gedanken und Gefühle bestimmen die Lebensqualität, egal ob sie bewußt gedacht werden oder selbständig durch den Kopf gehen und nicht einmal bemerkt werden.

Alle Gedanken und Gefühle sind erlaubt. Es geht nur um das bewußte Wahrnehmen. Viele Gedanken und Gefühle, die den einzelnen das Leben schwer machen, verlieren ihren Schrecken, wenn sie einfach angenommen werden, wertfrei angenommen werden. Es genügt, wenn der Erwachsene oder auch sein Kind erkennt: „Ich bin gerade schüchtern und bekomme rote Ohren." Es ist weder gut noch schlecht noch schlimm, daß dieser Erwachsene oder dieses Kind schüchtern ist und rote Ohren bekommt. Erst durch das Bewerten wird das Gefühl und die damit zusammenhängende Situation für den Betroffenen unangenehm. Selbst das Gefühl: „Jetzt fühle ich mich ganz unsicher!" ist einfach ein Gefühl. Derjenige, der bewußt spürt, daß er sich unsicher fühlt, hat mit sich Kontakt und ist bei sich. Allein durch das innere Ja-Sagen zu seiner Unsicherheit überwindet er seine Unsicherheit. Er darf sich unsicher fühlen und kann dies auch offen sagen. Dann können auch die anderen ihn so annehmen.

Und wenn ihr nicht werdet wie die Kinder

Beim Wiedergewinnen dieses natürlichen Selbstbewußtseins können Eltern von ihren Kindern lernen. Kinder nehmen ihre Gedanken und Gefühle wertfrei an, bis sie von außen Bewertung erfahren. Erwachsene, die ihr natürliches Selbstbewußtsein wiedergewinnen wollen, können dies nur tun, wenn auch sie ihre Gedanken und Gefühle nicht bewerten.

Sobald Eltern damit beginnen, daß sie sich und allen ihren Gefühlen und Gedanken Beachtung schenken, entwickeln sie ihr Selbstbewußtsein und ihre innere Sicherheit. In dem Wort Beachtung steckt auch die Achtung. Sie achten sich und verurteilen sich nicht.

Es geht nur darum zu erkennen, was sie denken und

fühlen, weil das das Baumaterial ihrer Zukunft ist. Nur Menschen, die bewußt den Augenblick erleben, können ihre Gedanken und Gefühle mitbekommen und bewußt weiterdenken und weiterfühlen oder sie eben auch stoppen. Das ist der entscheidende Schritt dahin, daß sie ihr Leben in eigener Regie gestalten.

Und wenn sie merken, daß sie bewerten, dann sollen sie auch das einfach wahrnehmen, ohne es zu bewerten: „Aha, ich bewerte gerade, und ich will damit aufhören." Es steht ihnen frei, etwas anderes zu denken. Vielleicht wollen sie ihr Denken wieder auf die Tätigkeit lenken, mit der sie sich gerade beschäftigen.

Eltern sind für ihr Kind immer ein Vorbild. Wenn Kinder erleben, daß es ihren Eltern wichtig ist, daß sie sich mit ihrer ganzen Aufmerksamkeit dem Augenblick widmen und sich bewußt machen, was sie gerade sagen und was sie gerade tun und daß sie bei alledem auch einen Plan haben, dem sie folgen, dann färbt das auf die Kinder ab. Sie werden ihren Eltern auch hierin nacheifern.

Es ist eine Erleichterung für Kinder, wenn sie erleben, daß auch ihre Eltern keinen besonderen Anreiz darin sehen, vier und mehr Dinge auf einmal machen zu sollen und dadurch keines ganz machen zu können. Bei einer solchen Perspektive wäre es für sie nicht reizvoll, erwachsen zu werden.

So entsteht mit der Zeit ein Klima von wohltuender innerer Sicherheit, in dem die Kinder bestens gedeihen können und aufblühen. Sie können die Anlagen, die in ihnen schlummern, entfalten, denn sie fühlen sich rundherum in Sicherheit.

■ So geht Freiraum verloren

Wir haben eine Banane gegessen

Eltern benutzen oft gewohnheitsmäßig die Wir-Form, wenn sie zärtlich von ihrem Kind sprechen. Allerdings ist das nur scheinbar liebevoll. Der wahre Charakter wird bei einem genauen Hinspüren erkennbar. Mit einem „Wir" überschreiten Eltern immer dann die Grenze zu ihrem Kind, wenn sie in Wirklichkeit das Kind und nicht auch sich selbst meinen.

Das geschieht gerade dann, wenn Eltern ganz alltägliche Dinge erzählen, zum Beispiel, daß ihr Kind am Vormittag eine Banane gegessen und danach Lego gespielt hat. Ich beobachte häufig solche Szenen, so auch bei der Mutter des dreijährigen Johannes. Bei ihr klang das so: „Heute früh haben wir eine Banane gegessen und dann ganz toll Lego gespielt." Dabei schaute sie Johannes liebevoll an und streicheln ihm über das Haar. Das Streicheln an sich ist ja eine liebevolle Geste, aber in diesem Zusammenhang war es unpassend. Sie verstrickte sich mit dem Jungen, indem sie von „wir" sprach, obwohl sie nur ihn meinte. Da war das Streicheln regelrecht unangenehm. Hätte sie mir erzählt, daß er eine Banane gegessen hat und hätte sie ihn gleichzeitig angeschaut, dann hätte auch das Streicheln gepaßt. So aber schaute sie mich an, sprach von „wir" und streichelte ihn nebenbei. So schenkte sie weder ihm noch mir ihre ganze Aufmerksamkeit.

Dieser Gebrauch von „wir" ist eine ebenso weit verbreitete wie subtile Grenzüberschreitung und kann weitreichende Folgen haben. Ein paar Jahre später sagen dann Wir-Mütter und manchmal auch Wir-Väter: „Wir sitzen gerade bei den Hausaufgaben, wir haben morgen eine Matheprobe und üben noch etwas." Oder noch später: „Wir haben für das Abitur ordentlich gepaukt!" Dann liegt die Verantwortung für die Schule nicht beim Kind, und auch die gute Note ist nicht allein seine gute Note. Wie sollte es in einer solchen Atmosphäre, die ihm die Verantwortung abnimmt, dann selbständig und eigenverantwortlich lernen?

Das Kind fühlt sich deutlich wohler, wenn die Eltern sagen: „Julian macht gerade seine Hausaufgaben, und ich setze mich daneben." Oder: „Julian hat morgen eine Matheprobe, und ich wiederhole mit ihm den Stoff." So lassen sie ihm den inneren Freiraum, den er für seine Entwicklung braucht.

Die Auswirkung dieser unbewußten Vereinnahmung des Kindes durch das liebevoll gemeinte „wir haben eine Banane gegessen" betrifft auch den Freiraum der Eltern und all die Grenzüberschreitungen der Kinder, über die sie sich immer wieder beklagen. Sie selbst verwischen durch diesen Gebrauch des „Wir" die Grenzen zwischen sich und dem Kind. Es ist kein Wunder, wenn die Kinder den Freiraum der Mutter oder des Vaters nicht respektieren, wenn es keine Grenze zwischen ihnen gibt und sie zu einem großen „wir" geworden sind.

Da hilft es wenig, wenn die Eltern dem Kind in anderen Situationen seine Grenzen aufzeigen wollen. Sie sagen ihm ja auf eine andere Weise täglich, daß es Grenzen zwischen ihnen nicht gibt. Das ist für das Kind sehr verwirrend. Es hört im Zweifelsfall immer auf diese unterlegte Botschaft, die es instinktiv fühlt. Es lohnt sich für Eltern, diese unterlegte Botschaft zunächst zu erkennen und danach wegzulassen. Sie brauchen nur auf ihre Sprache zu achten.

Miriam ließ sich viel von ihrer Mutter bedienen

In einem Workshop machte ich Hildegard auf eine solche Vereinnahmung aufmerksam und bat sie, den Satz, den sie gerade gesagt hatte, zu wiederholen. Sie wußte ihn nicht mehr so ganz genau. Eine andere Kursteilnehmerin konnte sich an ihn erinnern und wiederholte ihn. Da schaute sie ganz erstaunt und sagte: „Habe ich das gesagt? Das habe ich nicht gemerkt."

Hildegards sechsjährige Tochter Miriam hatte schon seit ihrem fünften Lebensjahr regelmäßig Therapien gehabt, insbesondere Ergotherapie und Logopädie. Die Mutter bemühte sich in rührender Weise um ihre Tochter und wollte von ganzem Herzen ihr Bestes. Dabei machte das Mädchen insgesamt große Fortschritte, blieb aber immer wieder in ihrer Entwicklung hängen, und es ging nicht so recht weiter. Es schien, als würde sie zwei Schritte vorwärts und einen zurückgehen. Die Mutter erzählte, daß Miriam sich viel von ihr bedienen ließ und wenig Eigeninitiative entwickelte. Sie brauchte immer wieder neue Spielanregungen und konnte sich nur schlecht selbständig beschäftigen.

Hildegard wurde bei dem Workshop bewußt, daß sie mit diesem „wir" ihre Tochter an sich band. Ihr kamen viele Gelegenheiten in den Sinn, bei denen sie „wir" sagt, bei denen das „wir" aber nicht stimmt, beispielsweise „Nächstes Jahr kommen wir dann in die Schule." Die Mutter kommt aber nicht in die Schule, sondern das Kind, und es kann damit einen großen Schritt in die Selbständigkeit machen, vorausgesetzt, die Mutter kommt nicht in ihren Gedanken auf Schritt und Tritt sozusagen im Doppelpack mit ihr mit.

Mit dieser Erkenntnis änderte sich Hildegards Denken und ihre Einstellung. Schon in wenigen Wochen konnte sie in vielen Bereichen eine deutliche Erleichterung erkennen. Die Tochter hatte einen klar erkennbaren Schritt in ihrer Entwicklung gemacht und besuchte seit kurzem ein Mädchen in der Nachbarschaft, wohin sie sich früher nicht getraut hatte. Sie hatte von sich aus diese Idee geäußert. Sie war insgesamt selbständiger und lebendiger geworden.

Nicht nur das Mädchen entfaltete sich wie ein Schmetterling, der vorher aus seiner engen Puppe nicht so recht herausgekommen war, auch die Mutter erlaubte sich mehr Freiraum für sich selbst. Sie hat Anschluß gefunden an den

Chor, bei dem sie schon lange einmal mitsingen wollte und war glücklich über diesen Schritt. Sie sang so gerne. Auch ihr Mann profitierte von der Entwicklung. Er atmete daheim mehr Freiheit, und seit seine Frau nicht mehr so ein großes „Wir" mit ihrer Tochter darstellte, war er abends schon zweimal mit ihr ausgegangen. Darauf hatten sie seit langem verzichtet. Ein Babysitter hatte sich leicht gefunden.

So war mit dem Verzicht auf dieses „Wir" einiges in Bewegung gekommen. Das „Wir" war ein Inbegriff für die Verstrickung zwischen der Mutter und der Tochter. Hildegard hat sich diese Verstrickung ehrlich angeschaut, bewußt gemacht und an ihr gearbeitet.

Der Erfolg von Miriam und ihren Eltern wirkte sich auf allen Ebenen aus. Das Kind blühte auf, die Mutter und auch die Ehe. Miriam lernte ich als ein besonders einfühlsames, feinsinniges Kind kennen. Ihr entgingen keine atmosphärischen Unreinheiten daheim. Niemand konnte ihr etwas vormachen. In dieser Hinsicht war und ist ihre Wahrnehmung besonders fein. Wie zum Ausgleich brauchte sie im Bereich der Wahrnehmung mit ihren anderen Sinnen eine gezielte Förderung. Deswegen hatte sie Ergotheapie und Logopädie. Sie mußte ihren Körper besser kennenlernen, das Gleichgewicht üben und brauchte für ihren Tastsinn vielerlei gezielte Anregungen. In diesem Bereich hatte Miriam Wahrnehmungsstörungen.

Gerade dadurch, daß Miriam so unendlich feine Antennen für unsichtbare, ungreifbare Dinge hat, entging ihr die Entwicklung der Mutter nicht. Die Mutter wickelte sich buchstäblich aus ihrer Verstrickung, indem sie sich von dem Wir-Gefühl löste. Das tat Miriam offensichtlich ausnehmend gut. Auch bei anderen Kindern mit einer so ausgeprägten Wahrnehmung habe ich eine schnelle und starke Reaktion auf die bewußten sprachlichen Signale der Eltern beobachtet.

Solche Erfolge beflügeln.

Wir können jetzt Schleifen binden

Wenn ein Kind seinen Eltern strahlend die erste gelungene Schleife zeigt, die es gebunden hat, dann läßt es sie an seiner Freude über seinen Erfolg teilhaben. Es hat etwas Wichtiges gelernt: Jetzt kann es seine Schuhe alleine binden! Hoffentlich hat es viele Gelegenheiten, die neue Fähigkeit auch anzubringen und hat auch Schnürschuhe und nicht nur Schuhe mit Klettverschlüssen.

Fabian ist fünf Jahre alt und hat an diesem Morgen seine Schnürschuhe gerade das erste Mal ganz allein angezogen und dabei seine Schleife so hinbekommen, daß sie wirklich gut hält. Er war glücklich und strahlte über das ganze Gesicht.

Ein kleiner Schleifen-Trick hat Fabian dabei geholfen. Er hat am Anfang der Schleife den Schnürsenkel nicht nur einmal, sondern gleich zweimal unter den anderen Schnürsenkel durchgezogen und dann an beiden Enden kräftig gezogen. Das hält fest, bis er darüber die beiden Schlaufen geformt und festgezogen hat. Diesen Trick hatte ihm am Abend vorher sein Papa gezeigt.

Seine Mutter sah seine Freude und freute sich auch. Dann ging sie gemeinsam mit ihm aus dem Haus und brachte ihn in den Kindergarten. Dort erzählte sie der Erzieherin gleich voller Freude von der ersten gelungenen Schleife: „Stellen Sie sich vor, was für eine Freude! Wir können jetzt Schleifen binden!" Dabei schaute sie abwechselnd die Erzieherin und Fabian an. Der freute sich, aber so ganz wohl war ihm dabei nicht. Etwas stimmte nicht.

Seine Mutter hat ihm seinen Erfolg weggenommen. Er kann Schleifen binden, nicht wir (die Mutter kann es schließlich schon lange!). Die Versuchung ist für Eltern groß, den Erfolg des Kindes auch als ihren Erfolg anzusehen. Das stimmt aber nicht so ganz. Der erzielte Erfolg ist einzig der Erfolg des Kindes. Die Eltern führen es allerdings dahin, diesen Erfolg zu erreichen. Sie zeigen ihm, wie Schleifenbinden geht. Ich glaube, daß Fabians Mutter ihm den Erfolg nicht wegnehmen wollte. Ihr war das nicht bewußt. Sie sagte das einfach so und dachte sich nichts dabei.

Kinder sind freier in ihrer Entwicklung, wenn sie ihre Erfolge selbst auskosten dürfen. Bei dem Satz „Fabian kann jetzt Schleifen binden!" bleibt der Erfolg bei ihm. Das macht ihn stark und auf Dauer selbstbewußt.

Freuen Sie sich mit Ihrem Kind oder für Ihr Kind?

Auch eine andere gängige Redeweise nimmt dem Kind einen Teil von seinem Erfolgserlebnis: „Ich freue mich für dich!"

Das Kind hat etwas geleistet und hat allen Grund, sich zu freuen. Da freuen sich die Eltern für das Kind. Sie kommen gar nicht auf den Gedanken, daß sie mit einem „Ich freue mich für dich!" unterschwellig auch etwas anderes ausdrücken, nämlich daß sie sich an seiner Stelle freuen.

Niemand macht sich große Gedanken über die Wirkung dieser Redewendung. Erst im Vergleich mit einer anderen Variante wird der Unterschiedlich spürbar. Der Satz „Ich freue mich mit dir!" hat eine andere Wirkung. Mit diesem Satz zeigen die Eltern klar, daß der Erfolg beim Kind ist und daher auch die Freude. Sie freuen sich beide. Das erst ist doppelte Freude.

Die unterlegte Botschaft ist oft nicht bewußt. Erst wenn man beide Sätze einige Mal langsam und laut sagt, kann die unterlegte zweite Botschaft bewußt werden und auch die so verschiedene Wirkung der beide Sätze. Das ist zu fühlen, nicht nur im Kopf zu wissen. Der Kopf sagt schnell: Das ist Wortklauberei. Doch es steckt mehr dahinter. Die Kinder wissen das intuitiv und reagieren in erster Linie auf die unterlegte Botschaft. Sie fühlen sich nicht wohl, wenn sie vereinnahmt werden. Sie arrangieren sich zwar damit so gut als möglich. Doch sie blühen auf und machen große Entwicklungsschritte, sobald diese unbewußten und auch lieb gemeinten Grenzübertritte weniger werden und schließlich aufhören. Sie geschehen im Alltag häufig.

Die Wirkung der Sprache

■ **Mit jedem Wort sind Erinnerungen gespeichert**

Man sagt ja nichts, man red' ja bloß!
Jedes Mal, wenn ein Kind oder ein Erwachsener ein Wort kennenlernt, hört oder selbst benützt, geschieht dies im Zusammenhang mit einer bestimmten Situation. An manche dieser Situationen mag er sich später noch im Zusammenhang mit bestimmten Wörtern erinnern, beispielsweise an den Einkauf beim Wäschegeschäft oder an den Besuch bei den Großeltern. Meistens gerät dieser äußere Anlaß in Vergessenheit. Anders ist es mit dem Gefühl, das er in diesem Augenblick empfand. Es bleibt erhalten und wird zusammen mit dem jeweiligen Wort in das Zellgedächtnis eingespeichert. Dieser Vorgang geschieht von selbst. Das ist wie eine automatische Festplattenspeicherung.

Bei jeder neuen Erfahrung wird das nun empfundene Gefühle gemeinsam mit all den anderen bereits gespeicherten Gefühlen mit den einzelnen Wörtern ins Zellgedächtnis eingespeichert. Die Zellspeicherungen wirken wie ein Magnet und ziehen immer neue Situationen an, die mit dem jeweiligen Gefühlsmuster übereinstimmen, also noch mehr freudige, erheiternde oder ärgerliche, unangenehme Situationen.

Wann immer ein Mensch ein bestimmtes Wort gebraucht, aktiviert er gleichzeitig die in ihm gespeicherte Emotion. Diese Emotion wirkt wie jede andere Emotion:

Sie hat, insbesondere wenn sie häufig aktiviert wird, eine Auswirkung auf die Lebensqualität. Darum wirken die einzelnen Wörter auch dann, wenn sie nur gedankenlos oder in einer Floskel oder Redensart benutzt werden. Mit jedem Wort wird die emotionale Erinnerung aktiviert. Wenn die emotionale Erinnerung angenehm ist, dann hat sie eine angenehme Auswirkung, und wenn sie belastend oder bedrohlich ist, dann ist es die Auswirkung ebenso.

Es ist daher durchaus von Bedeutung, was ein Mensch so alles erzählt. Er erzählt die Begebenheit, für die er gerade Worte findet. Gleichzeitig hat er im Zusammenhang mit diesem Erzählen bestimmte Gefühle, die der Angesprochene spüren kann. Das macht man besonders, wenn man anderen von einem schönen Erlebnis erzählt. Die eigene Emotion, die im Erzählen lebendig wird, springt im günstigen Fall auf die andere über. Das ist die eine Ebene.

Auf einer tieferen Ebene ruft er mit den Wörtern, die er denkt und ausspricht, emotionale Zellspeicherungen wach, die schon früher eingespeichert wurden und deren er sich nicht bewußt ist. Die damit verbundenen Gefühle nimmt der Angesprochene nur diffus wahr als eine Ausstrahlung, die der andere hat. Er kann sie nicht greifen.

Die alten unterlegten Gefühle nehmen dennoch eine Gestalt an in Form von Wörtern. Sie gehören in das typische Vokabular eines Menschen und zeigen, von welchen Gefühlen sein Handeln und sein Leben geprägt ist. Die Wortwahl ist mehr als typisch, sie ist symptomatisch.

Es ist eben nicht wahr, daß man einfach gedankenlos so daher reden kann, ohne daß dies irgendwelche Auswirkungen auf das eigene Leben hat. Das fränkische „Man sagt ja nix, man red' ja bloß" ist mindestens in dieser Hinsicht nicht wahr. Vielmehr gilt noch immer: Am Anfang war das Wort.

In den Wörtern steckt sehr viel Kraft. In dem gesprochenen und geschriebenen noch mehr als in dem gedachten.

Wenn Wörter bewußt und in einer bestimmten Absicht benutzt werden, dann ist ihre Wirkung noch stärker. Es ist für Kinder ein großes Glück, wenn sie das schon in ihrem Elternhaus lernen dürfen.

Die unbewußte Unterlegung der Stimme

Während die unbewußten Unterlegungen den meisten Menschen verborgen sind, nehmen sie die bewußten Unterlegung wie Freude, Gerührtsein, Genervtsein, Wut oder was immer sie gerade im jeweiligen Augenblick empfinden, meistens bewußt wahr. Sie spüren diese Gefühle, aber sie äußern sie nicht eindeutig. Sie mischen sie als Unterlegung in eine Aussage oder eine Frage. Das macht das Zusammenleben schwierig.

Es wäre hilfreich, wenn jeder sein Gefühl klar und offen benennt und seine Aussage nicht nur mit ihm unterlegt. So ist sie dem Sprecher und dem Angesprochenen wirklich bewußt. Das erleichtert die Kommunikation erheblich.

Die fünfjährige Marion hat wieder einmal ihre Puppenwäsche gewaschen und im Bad ihre Spuren hinterlassen. Der Boden ist naß und seifig und das Licht brennt. Sie wäscht ihre Puppenwäsche in letzter Zeit mit Begeisterung, und immer wieder vergißt sie, danach den Boden trocken zu wischen und das Licht auszumachen. Ihre Mutter findet das Spiel sehr schön, nicht aber den nassen, seifigen Boden. Mit einem Blick in die offenstehende Badezimmertüre knurrt sie ihre Tochter an: „Hast du wieder deine Puppenwäsche gewaschen?"

Diese Frage ist ein Durcheinander an Informationen. Die Frage ist eigentlich eine Aussage und wird als Träger für die Information „ich ärgere mich" benutzt. Ärgert sich die Mutter, daß Marion Puppenwäsche wäscht? Weil sie den Boden nicht aufgewischt hat? Weil sie nicht gefragt hat? Das muß Marion erraten. Wäre die Mutter zufrieden, wenn Marion ihre Frage mit einem wahrheitsgemäßen

„Ja" beantworten würde? Das ist sicher nicht die Reaktion, die die Mutter wünscht. Sie möchte, daß Marion ins Bad geht und dort den Boden trocken wischt, den Putzlappen zum Trocknen aufhängt und danach das Licht ausmacht.

Klare Verhältnisse schafft die Mutter mit einer klaren Aussage: „Marion, du hast deine Puppenwäsche gewaschen. Der Boden im Bad ist noch naß. Den hast du vergessen. Ich finde es ärgerlich, daß du ihn wieder vergessen hast. Komm bitte ins Bad und wische ihn trocken. Hier hast du einen Putzlappen!" Das kann sie in einem ruhigen Ton und mit freundlicher Stimme sagen. Sie kann ihren Ärger auch auf diese Weise äußern.

Statt der spitzen und vorwurfsvollen Bemerkungen erhält Marion eine Arbeitsanweisung, mit der sie etwas anfangen kann, ohne in die Verteidigung oder Abwehr gehen zu müssen. Es genügt, sich die gerade empfundene Emotion bewußt zu machen und in Worte zu fassen.

Mehr Geduld ist erforderlich, um die unbewußte Unterlegung in der Vielzahl der einzelnen Wörter aufzuspüren. Das Phänomen der unbewußten Unterlegung erklärt, warum die gleichen Wörter bei den einzelnen Menschen unterschiedlich klingen. Mit einiger Übung ist dieser Unterschied schnell zu hören. Er fällt spätestens dann auf, wenn mehrere Personen nacheinander das gleiche Wort laut und deutlich mehrmals wiederholen.

Bei einigen Wörtern ist die unterschiedliche Unterlegung besonders leicht erkennbar. Das Wort „ungerecht" ist hierfür ein gutes Beispiel. Während die ersten drei, vier Wiederholungen bei den meisten Erwachsenen noch relativ neutral klingen, wird danach die emotionale Unterlegung hörbar und spürbar. Bei den einen ist die Empörung über eine Ungerechtigkeit deutlich fühlbar. Sie betonen die Vorsilbe „un" und legen bei einer mehrfachen Wiederholung ihre Stirne manchmal in leichte Falten und schließen die Hände etwas.

Bei einer weiteren Gruppe schwingt ein langes ä mit, das wie „ungerächt" klingt. Die Betonung liegt auf der letzten Silbe. Auch hier kommen Mimik und Gestik nach wenigen Wiederholungen dazu. Die Augen sind auch anders als bei denjenigen, die „ungerecht" auf der Vorsilbe betonen.

Kinder haben ein feines Gefühl für diese unbewußten Unterlegungen. Sie spüren sie deutlich und reagieren auf sie. Sie empfinden die Emotion und nehmen sie als Information bewußt auf. Sie ist für Kinder ebenso wichtig wie die gesprochene Aussage. Es ist für sie wichtig, daß beide Informationen deckungsgleich sind, sonst werden sie verwirrt. Falls sie zwei unterschiedliche Informationen erhalten, müssen sie sich für eine entscheiden. Im Zweifelsfall reagieren sie auf die gefühlsmäßige Botschaft.

Wenn Eltern sich ihre Gefühle bewußt machen, werden sie erkennen, daß der scheinbare Ungehorsam ihres Kindes eine Reaktion auf die unterlegte Botschaft in ihrer Sprache ist. Kinder abstrahieren noch nicht die gefühlsmäßige Botschaft von der gedachten Botschaft. Das erklärt so manchen scheinbaren Ungehorsam, denn für die Eltern steht die gedachte Botschaft im Vordergrund.

Patricia erzählte, daß ihre Tochter recht ängstlich ist, etwas Neues auszuprobieren. Sie will ihr Mut machen und sagt ihr immer wieder in solchen Situationen: „Trau dich nur, du machst schon nichts falsch!" Die gedachte Aussage war: „Trau dich nur!" In Wirklichkeit sagte sie ihr: „Das Ergebnis kann auch falsch sein!" Die Tochter spürte diese unbewußte Unterlegung und reagierte ängstlich auf diese unbewußte Ankündigung. Sie wollte nichts falsch machen. Die Mutter konnte sich nicht erklären, warum sie ihre Tochter nur so schwer zu einem neuen Versuch bewegen konnte. Jetzt wurde ihr einiges klar.

Die Reaktion der Tochter war eine direkte Antwort auf die unbewußte Unterlegung in dem Wort „falsch", so wie

Patricia es aussprach. Die Mutter hatte selber oft Angst, etwas falsch zu machen und beschäftigte sich viel mit „falsch" und „richtig". Sie hatte mit dem Wort „falsch" unangenehme Erinnerungen gespeichert. Sie dachte an ihre Schulzeit und all die roten Striche in ihren Schulheften und an die Kommentare ihrer Eltern, wenn sie sie Vokabeln abhörten. Entsprechend ihren emotionalen Erinnerungen klang „falsch" bei ihr wie ein Urteil, das gefällt wird, hart und schneidend.

Das ist nicht bei jedem so. Bei anderen klingt „falsch" ganz neutral. Das Rechenergebnis ist falsch, es ist einfach nicht richtig. Das ist eine Feststellung und keine Bewertung. Wieder bei anderen läßt die Art, wie sie „falsch" sagen, an einen falschen, heimtückischen Menschen denken.

Die unbewußte Unterlegung in den einzelnen Wörtern und in der Sprache muß nicht für immer bleiben. Jeder kann sie ändern, wenn er dies wirklich möchte. Von dem Augenblick an, in dem er das beschließt, kann er sein Leben noch viel bewußter und in seinem Sinn gestalten, da unerwünschte Ergebnisse als Folge einer unerwünschten Unterlegung wegfallen.

Ein guter Anfang ist das Beobachten und Wahrnehmen der unbewußten Unterlegung. Sie wird möglich bei mehrfachem und langsamen Wiederholen eines Wortes. Mit dem Gewahrwerden kommt eine klärende und heilsame Entwicklung in Gang. Mit der Zeit wird die Stimme wärmer, kraftvoller und klarer. Unbewußte Doppelbotschaften hören allmählich auf, weil die Unterlegung aus der Stimme geht.

Kinder haben eine glockenreine Stimme. Bei ihnen schwingen noch keine unbewußten Unterlegungen mit. Wenn sie das Wort „falsch" nachsagen sollen, dann ist das eine Aneinanderreihung von Lauten. Jedes Wort, das sie sagen, klingt leicht und hell. Bei ihnen stimmen die gedachte und die gefühlsmäßige Aussage überein. Wenn sie in einem Umfeld aufwachsen, wo sie die Möglichkeit haben, mit sich im Reinen zu bleiben und in sich zu ruhen, dann wird auch ihre Stimme weitgehend rein bleiben. Dann werden sie keine unbeabsichtigten Wirkungen von unbewußten Botschaften erleben.

Reden Sie dennoch, wie Ihnen der Schnabel gewachsen ist

Ich weiß aus den Workshops, daß die Teilnehmer am Anfang erschrocken sind, wenn ihnen ihr Sprachgebrauch bewußt wird. Sie trauen sich dann manchmal fast gar nicht mehr, so zu reden, wie ihnen der Schnabel gewachsen ist.

Es erfordert schon einigen Mut, wenn Erwachsene bewußt so reden wie bisher und sich mit dem neuen Wissen dabei beobachten. Sie erleben dann Seiten an sich, die sie noch nicht angeschaut haben und vielleicht auch am liebsten gar nicht sehen würden. Sie können dann erkennen, daß sich ihre Lebensthemen in ihrer Sprache wiederfinden, die angenehmen ebenso wie die unangenehmen. Damit eröffnen sie sich Welten. Das Tor öffnet sich, durch das sie hindurch gehen können, wenn sie ihr Leben nach ihren Vorstellungen gestalten wollen. Sie machen sich damit innerlich frei von äußeren Umständen.

Jetzt brauchen sie nur noch eines tun: durch das Tor hindurchgehen und bewußt das tun, von dem sie wissen, daß sie es tun wollen.

Damit lösen sie sich aus der Masse und dem Massenbewußtsein oder besser gesagt aus dem Massenunbewußtsein. Sie finden sich selbst.

■ Selbstbewußtsein entwickeln mit ein paar Wörtern

Wirst du heute eigentlich den Martin besuchen?

Ein erster Schritt zu einem größeren Selbstbewußtsein besteht ganz einfach darin, das Wörtchen „eigentlich" unter die Lupe zu nehmen. Viele Menschen benützen aus reiner Gewohnheit in jedem zweiten Satz dieses „eigentlich" und machen sich gar keine Gedanken um die Wirkung, die sie damit erreichen. Sie strahlen wenig oder kein Selbstbewußtsein aus und finden bei ihren Kindern und auch bei Erwachsenen nicht immer das Gehör, das sie gerne finden möchten. Sie glauben, daß sie alles mehrfach sagen müssen. Das bringt Ärger und Unmut sowohl bei demjenigen, die alles immer wiederholen als auch bei denen, an die diese Botschaft gerichtet ist.

Dabei stören sich die Redenden selbst. Jedes gewohnheitsmäßig gebrauchte „eigentlich" verdreht die beabsichtigte Wirkung eines Satzes und läßt den Sprecher selbst irgendwo verdreht erscheinen. Das ist ganz offensichtlich, wenn ich den Satz „Ich liebe dich" sage. Er hat eine ganz und gar andere Wirkung, als wenn ich sage: „Ich liebe dich eigentlich." Das stimmt dann nämlich nicht so ganz. Ebenso verdreht ist es, wenn Eltern ihrem spielenden Kind sagen „Eigentlich ist es Zeit, daß du jetzt zur Oma gehst." Der Satz hat keine Kraft. Das Kind wird aufgrund dieser Aufforderung nicht gehen, es sei denn, es will selbst gerne zur Oma und empfindet den Satz dann als Erinnerung. Was wollen die Eltern erreichen? Möchten sie ihm sagen, daß es Zeit ist, daß es zur Oma geht, weil sie ihr Enkelchen erwart oder weil sie selbst weggehen wollen und das Kind in dieser Zeit bei der Oma sein soll? Oder möchte das Kind an diesem Nachmittag die Oma besuchen und merkt nicht, daß der Nachmittag schon bald vorbei ist und es sich später nicht mehr lohnt?

Nach meiner Erfahrung empfinden Eltern anfangs eine ungewohnte Leere in ihrem Satz, wenn sie das „eigentlich" weglassen. Der Satz klingt so nackt, und die Botschaft kommt so ungewohnt klar und kraftvoll beim anderen an, daß sie die Wirkung als fast fordernd empfinden. Natürlich ist es notwendig, sich zunächst einmal selbst klar zu machen, was sie wirklich sagen und erreichen wollen. Während sie sich das bewußt machen, sind sie mit sich selbst in Kontakt und können folglich in diesem Augenblick Sicherheit ausstrahlen. Wer bei sich ist, strahlt Sicherheit aus.

Der Satz von eben kann dann so klingen: „Julia, du hast noch zehn Minuten Zeit zum Spielen. Danach gehst du bitte zur Oma." Das ist eine klare Aussage, bei der das Kind sich gut zurecht finden kann. Die Eltern halten sich kein Hintertürchen mehr offen. Sie können nicht mehr sagen: „Das habe ich eigentlich gar nicht so gemeint!" weil sie eine klare Aussage gemacht haben.

Das Wörtchen „eigentlich" findet sich in vielen, vielen Sätzen. Es läßt den Sprecher unklar und unsicher erscheinen. Eltern und Kinder, die dieses „eigentlich" nicht benützen, haben eine stärkere Ausstrahlung und erreichen ihre Ziele leichter als diejenigen, die es in jedem dritten oder vierten Satz benutzen und es meistens gar nicht merken.

Wer anfängt darauf zu achten, wird es überall hören. „Wohin fahrt ihr eigentlich in den Urlaub?", „Was hast du eigentlich heute noch vor?", „Wen habt ihr denn eigentlich eingeladen?", „Eigentlich verstehe ich mich mit meinen Eltern gut." Diese Sätze nehmen kein Ende und beinhalten keine rechte Aussage, es sind sozusagen Wischi-Waschi-Aussagen: Man will etwas sagen, nimmt es aber mit dem Wort „eigentlich" schon zurück. Eltern, die gewohnheitsmäßig solche Wischiwaschi-Aussagen machen, werden auch mit ihren Kindern Wischiwaschi reden, weil sie gar nicht anders reden können, und es ist nur natürlich, wenn sie ihr Kind in der gleichen Art fragen: „Wirst du heute eigentlich den Martin besuchen?"

Selbstbewußte Menschen haben eine klare Sprache, weil sie innerlich klar sind. Das ist die Ursache, der Kern für die Sicherheit, die sie rundherum ausstrahlen. Diese Klarheit, dieses bewußte Sein setzt unendlich viel Kraft frei und öffnet damit dem Erfolg alle Türen. Kinder übernehmen den Sprachgebrauch der Eltern.

Das tut man nicht!

„Das tut man nicht!" ist ein Satz, der sicher oft seine Berechtigung hat. In unserem Land ist es nicht üblich, in einem Restaurant mit den bloßen Händen ins Essen zu fassen und es sich direkt in den Mund zu schieben. Das macht man bei uns nicht, das ist eine gesellschaftliche Konvention. Bei uns ist es verpönt, beim Essen zu schmatzen. In anderen Ländern gibt es andere Regelungen, und genau dieses Verhalten wird gern gesehen.

Wenn bei uns Eltern sagen „Das macht man nicht!" dann ist das nur sehr selten als eine Erklärung oder Feststellung gemeint. Der etwas scharfe Unterton läßt das Verbot oder die Zurechtweisung spüren. Das Kind greift beides auf, die Zurechtweisung und die Feststellung. Wenn beides zusammenpaßt, dann kann das Kind damit zurechtkommen. Wenn es im Lokal sitzt und mit den Fingern seine Pommes frites essen möchte, dann wird es das verstehen, wenn die Eltern sagen: „Nimm bitte die Gabel und iß nicht mit den Fingern. Das macht man nicht!" Es ist offensichtlich, daß das niemand außer ihm tut. Es ist keine weitere Begründung notwendig. Das Kind wird die Gabel nehmen.

Anders ist es, wenn das Kind hört: „Hör auf! Das macht man nicht!" wenn es täglich das Gegenteil erlebt. Bei einem Workshop erzählte Anja, daß sie ihrem Sohn beibringen möchte, daß er sich auf der Toilette immer hinsetzt.

Trotzdem pinkelt er immer wieder im Stehen. Um sich lästige Putzarbeit zu ersparen, sagt sie ihrem Sohn täglich neu: „Setz' dich auf die Toilette. Das macht man nicht im Stehen!" Er erlebt aber täglich das Gegenteil bei seinem Papa und auch in öffentlichen Toiletten. Diese Mutter steht nicht hinter ihren eigenen Bedürfnissen, sondern versteckt sich hinter einem „man" und damit letztlich hinter einer angeblich öffentlichen Meinung. Ihr Sohn spürt, daß an ihrer Aussage etwas nicht stimmt und folgt ihr nicht. Er macht, was er möchte, denn er weiß, was er will.

Wenn sie hingegen sagen wird: „Mach das bitte im Sitzen. Ich möchte das so!" dann käme sie schon näher an ihren angestrebten Erfolg heran. Denn der Sohn wird ihre Anweisungen und Verbote leichter annehmen können, wenn er spürt, daß sie hinter ihren Aussagen steht. Dann kann er sie als Führer annehmen und ihr folgen. Sonst kann er ihr nicht folgen, und sie wird ärgerlich empfinden: Er folgt mir nicht! Mütter und Väter, die nicht für sich selbst sprechen, strahlen keine Sicherheit und nur wenig Selbstbewußtsein aus

Im Grunde achtet dieser Junge auf sich. Er spürt, daß seine Mutter unsicher ist und nicht hinter dem steht, was sie sagt. Er macht also lieber das, was er für richtig erachtet. Es ist wie im Leben der Erwachsenen, auch in den Bergen vertraut sich ein Erwachsener nur einem Bergführer an, der den Weg kennt. Nur ihm wird er folgen.

Sobald Anja ihrem Sohn klar sagt, was sie, die Mutter, von ihm möchte, wird er sich kooperativ zeigen.

„Man" ist fast jeder

Dieses „man" ist in der alltäglichen Sprache ebenso weit verbreitet wie das „eigentlich" und findet sich oft neben ihm im gleichen Satz. „Man" ist fast jeder, damit meinen die Erwachsenen die Allgemeinheit, ihre Tennisgruppe und wieder ein anderes Mal sich selbst. Der Gebrauch von

„man" ist ebenso massenhaft wie die Masse zahlenmäßig groß ist, hinter der sich der einzelne versteckt.

Es ist in der Spontansprache der meisten Menschen so verankert, daß sie gar nicht wahrnehmen, daß sie es benützen. Und wenn sie darauf achten, wann sie es sagen, kommen sie aus dem Staunen gar nicht heraus, weil sie nie gedacht haben, daß sie so häufig „man" oder „einem" sagen. In dem Satz „Das fällt einem gar nicht auf" ist das „einem" der Dativ von „man". Ich erlebe es immer wieder mit großer Freude in den Workshops, welch große Wandlung Eltern in kurzer Zeit bewirken können, wenn sie jedes „man", mit dem sie etwas über sich selbst sagen wollen, durch ein „ich" ersetzen. Sie schenken sich selbst mehr Beachtung und machen sich Gedanken, ob sie das, was sie dann von sich sagen, auch wirklich so meinen.

Gerade Mütter, die in ihrer Familie aufgehen, gehen manchmal nach einiger Zeit auch in ihrer Familie unter. Sie stellen ihre eigenen Interessen so weit hinten an, daß sie vor lauter Selbstlosigkeit irgendwann ihr Selbst los sind. Das zeigt sich auch in ihrer Sprache. Sie sprechen von „man" und von „wir" und von „meiner Familie" und geben sich selbst auch in der Sprache keinen Raum. Sie sagen kaum „Ich".

Es wird Eltern schnell klar, daß der Gebrauch von „ich" und „man" eine sehr unterschiedliche Wirkung auf ihr Kind und auch auf ihr eigenes Miteinander hat. Jeder kann das verstehen.

Praktische Übung
Beobachten Sie, wie oft Sie „man" und „eigentlich" sagen. Greifen Sie immer wieder einmal einen Satz, in dem Sie diese Wörter benutzen, auf und wiederholen Sie ihn zehn Mal laut. Empfinden Sie die Wirkung dieses Satzes. Bilden Sie den gleichen Satz neu ohne „man" und „eigentlich".

Wiederholen Sie ihn auch zehn Mal und empfinden Sie auch seine Wirkung. Bei welchem Satz fühlen Sie sich kraftvoller?

Bitten Sie Ihre Kinder um Mithilfe. Sie sind sicher bereit, ihnen jedesmal einen Hinweis zu geben, wenn Sie wieder „man" oder „eigentlich" gesagt haben.

Machen Sie diese Übung vier Wochen lang. Wie ist Ihr Wohlbefinden am Anfang und am Ende dieser Zeit? Hat sich etwas im Zusammenleben mit den Kindern geändert? Können die Kinder besser hinhören? Müssen Sie weniger ermahnen, und haben Sie mehr Zeit für gemütliche Augenblicke?

Es gibt noch mehr Füllwörter

Es genügt für den Anfang, wenn Eltern sich ihr „man" und ihr „eigentlich" anschauen und sich ihre ungünstige Wirkung bewußt machen. Mit dieser erhöhten Achtsamkeit ändert sich der Sprachgebrauch von selbst und damit auch die Denk- und Sichtweise. Damit ist ein Anfang gemacht. Und ich betone nochmals: Für den Anfang genügt das vollkommen.

Es gibt noch viele weitere Füllwörter und Satzkonstruktionen, mit denen sich die Menschen das Leben schwer machen, weil sie ihre gedachte Aussage verwässern, ohne sich dessen bewußt zu sein. Dann wird das Leben einfach mühsamer, als es sein soll und auch sein kann. Aber wie gesagt: Das Wichtigste ist, daß einmal ein Anfang gemacht wird. Und der ist mit den beiden genannten Wörtern geschaffen. Diese beiden Wörter bringen nach meiner Erfahrung die schnellsten Ergebnisse. Das andere kommt danach.

„Vielleicht" ist ein Kaugummi-Wort und erzeugt Erwartung und Enttäuschungen und ist gleichzeitig sehr nichtssagend. Ein Vater erzählte in einem Workshop aus dem Alltag mit seinem Sohn Julian und beklagte sich im gleichen Atemzug, daß Julian launisch ist und einfach nicht hören will. Ich gestehe, daß ich den Jungen wenige Sätze später sehr gut verstand und daß ich mich bei diesem

Vater wahrscheinlich genau so benehmen würde wie er. Der Junge schützt sich selbst.

Der Vater sagte: „Ich habe letzte Woche meinem Sohn versprochen, daß wir vielleicht am nächsten Tag ins Freibad gehen." Ich fragte ihn, warum er vielleicht gesagt hat. „Ja, es kommt drauf an, ob dann gutes Wetter ist und die Sonne scheint." Das ist einleuchtend. Ich bat ihn, den Satz neu zu formulieren und dem Sohn zu sagen, daß der Besuch im Freibad vom Wetter abhängt. Der Vater sagte daraufhin: „Morgen gehen wir, wenn die Sonne scheint, vielleicht ins Freibad."

Mit diesem „vielleicht" hält er sich jede Hintertüre offen und führt die anderen an der Nase herum. Die anderen sollen sich auf ihn einstellen, und er läßt sich alle Möglichkeiten offen. Ich fragte ihn: „Sie sagten wieder vielleicht. Wovon hängt jetzt der Besuch im Freibad ab?" Er sagte ganz ehrlich: „Von meiner Laune!" Kein Wunder, daß das Kind launisch ist und daß es nicht hinhört, wenn der Vater ihm etwas sagen will. Das kostet das Kind nur Kraft und Nerven.

Die meisten Menschen benützen dieses „vielleicht" oft und unbewußt, auch gewohnheitsmäßig und sagen damit letztlich nichts. Nur senden sie damit „Nichts" und sie werden ernten, was sie säen: Nichts. Es sind alltägliche Szenen: „Kommst du mich besuchen?" „Ja, vielleicht wenn ich wieder in deiner Gegend bin." Ich wünsche dem Fragenden, daß er sich nicht schon auf den Besuch freut und danach enttäuscht ist, wenn der andere nicht kommt, auch wenn er in der Gegend ist. Denn er wird sicher nicht kommen.

Mit „würde", „sollte", „hätten" erreichen Sie nur manchmal Ihr Ziel

Eine ähnliche Wirkung haben die ganzen Satzkonstruktionen mit „sollte", „könnte", „würde", „hätte", „wäre". Die meisten Menschen glauben, daß sie höflich sind, wenn sie so sprechen. Ich erlebe solche Sätze reihenweise bei Menschen, die sich bei mir für einen Workshop anmelden wollen. Sie möchten wissen, ob noch ein Platz frei ist und was die Teilnahme kostet und sagen das so: „Ich würde gerne bei dem Kurs mitmachen. Wäre da noch ein Platz frei? Und was würde das kosten?

Teils steht hinter diesem Sprachgebrauch eine falsch verstandene Höflichkeit und teils ist er einfach unbewußt und gewohnheitsmäßig. Wer so spricht, hat diesen Sprachgebrauch von seinen Eltern übernommen und gibt ihn ebenso wieder an die nächste Generation weiter.

Sätze mit „sollte", „hätte" und „würde" haben keine Kraft, ja sie nehmen sogar die Kraft aus den Gedanken und Gefühlen, die der Sprecher bereits in sein Ziel investiert hat. Sie schaden ihm. Er trennt sich in seiner Vorstellung von seinem Ziel, indem er nicht von der Realität spricht, sondern vom Irrealen, von dem, was er machen würde, wenn eine Bedingung gegeben wäre. Ebenso trennt er sich von seinem eigenen Ziel, wenn er den Beweggrund für sein Handeln bei einem anderen sucht und fragt: „Was soll ich tun?"

Manche Teilnehmer sagen bei dem ersten Workshop, den sie bei mir mitmachen, oft noch „würde". Das legen die meisten bald ab. So war es auch Marga gegangen. Sie hatte gefragt: „Würde es auch mir helfen, wenn ich einfach das „man" beachten und weglassen würde?"

Bei einer solchen Frage höre ich nichts als Zweifel und Fragezeichen. Solange so viele Zweifel im Raum stehen, ist derjenige sich selbst im Weg. Selbst eine bestärkende Antwort würde die Zweifel nicht sicher aus dem Weg räumen.

Ich bat Marga, die Frage neu zu formulieren und dabei das zweimalige „würde" wegzulassen. Marga nahm einen neuen Anlauf: „Hilft es auch mir, wenn ich das „man" beachte und weglasse?" Dieser Satz hatte eine andere Wirkung als der Satz vorher, und ich antwortete ihr: „Ja, tun Sie es einfach vier Wochen lang und erleben Sie, was sich ändert!"

Dieser zweite Satz ohne die beiden „würde" hatte schon etwas mehr Kraft. Jetzt kam eine andere Aussage ans Tageslicht. Das Klägliche kam deutlicher hervor. Marga fehlte „würde", aber es muß groß geschrieben werden, um richtig verstanden zu werden. Sie mußte ihre Würde wiederfinden, ihr Selbstbewußtsein. Das konnte sie nur undeutlich wahrnehmen. Sie wußte aber, daß sie ein schwaches Selbstwertgefühl hatte.

Ein halbes Jahr später empfand Marga kein Bedürfnis mehr nach so viel Würde-Sätzen. Gerade ihr hat es sehr geholfen, ihr Ich wieder zu Wort kommen zu lassen und statt „man" „ich" zu sagen.

Monika, eine andere Teilnehmerin, sagte bei einem Einzelgespräch: „Ich bin richtig gut geworden. Noch vor einem Jahr hätte ich dich gefragt: ‚Was soll ich tun?' Jetzt habe ich mir die verschiedenen Möglichkeiten angehört und weiß selbst, wofür ich mich entscheide!" Bei ihr ist in dieser Zeit vieles leichter geworden. Ihre innere Sicherheit hat sich auch auf ihre Kinder übertragen. Sie sind selbstbewußt und lebensfroh und nicht mehr so schüchtern und ängstlich, wie sie es einmal waren.

▪ Verantwortung, Vertrauen und andere ver-Wörter

Die Wörter, die mit der Vorsilbe ver- beginnen, fühlen sich beim halblauten Sprechen alle ein bißchen verdrehter an als andere Wörter mit einer ähnlichen Bedeutung, die nicht mit dieser Vorsilbe anfangen. Die Vorsilbe ver- verschiebt die Wirkung, die das Grundwort hat.

Verstecken ist näher am Verlieren als am stecken, verschenken ist achtloser als schenken, verlieben hat mit lieben sehr wenig zu tun, verlegen geschieht nur beim gedankenlosen legen. Vertrauen ist schwächer als trauen. Das sind Feinheiten. Für den Anfang spielen sie keine Rolle. In der Sprache sind unendlich viele Möglichkeiten enthalten, die es jedem erlauben, in immer größerer Leichtigkeit sein Leben nach den eigenen Wünschen zu gestalten und zu genießen.

Es ist so viel die Rede von Vertrauen schenken. Eltern wollen ihren Kindern Vertrauen schenken, und sie möchten sich gegenseitig vertrauen können. Es ist eine Verpflichtung für den anderen, wenn ihm Vertrauen entgegengebracht wird. Vertrauen bindet den anderen an ein Versprechen oder an eine Verpflichtung. Diese Bindung zeigt sich auch in der Redewendung „jemanden ins Vertrauen ziehen", es ist wirklich ein Ziehen, weil damit eine Erwartung einhergeht, die wiederum bindet.

Bei diesem Vertrauen schwingt etwas anderes mit als in dem Grundwort „trauen". „Trauen" macht stark und frei, während „vertrauen" verpflichtet und bindet. Eltern, die ihrem Kind trauen und an seine Fähigkeiten glauben, machen es ihm leicht, daß es sich traut. Ein Kind, das sich traut, entwickelt Mut und traut sich etwas. Zum Trauen gehört auch das Wissen der Eltern, daß ihr Kind aus seinen Erfahrungen lernt und beim nächsten Mal von dieser Erfahrung profitieren kann. Eltern, die ihren Kindern trauen, kommen mit den noch schlummernden Fähigkeiten ihres Kindes in Berührung und glauben daran, daß sie sich entfalten, wenn die Zeit dafür reif ist. Mit dieser Einstellung lassen sie ihm mehr Freiheit für seine individuelle Entwicklung.

Ein Kind, das abends im Bett noch in einem Buch blättern möchte, weiß selbst, wann es müde wird. Die Eltern dürfen ihm trauen, daß es das Licht ausmacht, wenn es schlafen möchte. Es weiß schon selbst, wann das so weit ist. Der Säugling wußte das auch schon, warum nicht auch das größere Kind?

Bei alledem ist es äußerst wichtig, daß die Eltern dem Kind klare Strukturen und klare Regeln geben, innerhalb deren es seine Erfahrungen machen kann. Ohne diese klaren Regeln ist das Kind überfordert. Es braucht einen Freiraum mit klaren Grenzen.

Die Regel kann bedeuten, daß das Kind abends ab acht Uhr in seinem Bett liegt, egal ob wach oder schlafend, und daß es am nächsten Tag um eine bestimmte Zeit aufsteht. Wenn es dann müde ist, wird es am nächsten Tag früher das Licht ausmachen. Es lernt auch hier aus der Erfahrung. Es lernt die Signale seines Körpers wahrzunehmen und merkt es dann schon, wenn es einschlafen möchte.

Kinder blühen auf, wenn sie spüren, daß die Eltern an sie glauben und ihnen trauen und gleichzeitig die erforderliche Sicherheit und bei Bedarf eine Hilfestellung geben.

In meinem Sprachgebrauch benutze ich häufig das Wort trauen. Das löst beim Gesprächspartner ein kurzes Aufhorchen aus und hat eine deutliche Wirkung. „Ich traue dir" ist eine viel stärkere Aussage als „Ich vertraue dir", weil es etwas abgenützt und gleichzeitig nicht bewußt genutzt ist.

Vertrauen und Verantwortung liegen in ihrer Bedeutung nah beieinander. Jeder, der für etwas die Verantwortung hat, erfährt auch das Vertrauen, daß er mit der ihm gestellten Aufgabe klar kommt. Mit dem Wort „Verantwortung" verbinden viele Erwachsene aber weniger eine Anerkennung als eine Last, die sie tragen oder die ihnen aufgebürdet wird.

Wie auch im Wort „Vertrauen" verdreht die Vorsilbe ver den ursprünglichen Sinn des Grundwortes. Wenn ein Mensch die Verantwortung übernimmt, dann heißt das, daß er die Antwort auf alle Fragen gibt, die er selbst beantworten kann.. Alle Fragen, die er nicht selbst beantworten kann, erfragt er bei einem anderen und gibt damit ihm die Verantwortung für seine Antworten.

Kinder können im Rahmen der Erfahrungen, die sie schon gemacht haben, Verantwortung übernehmen. Sie haben die Verantwortung für ihren Hunger, wenn sie nicht zum Essen kommen, obwohl sie wissen, wann es bei ihnen Essen gibt. Wenn sie nicht wissen, wie spät es ist, dann fragen sie jemanden oder schauen auf eine Uhr. Das ist natürlich vom Alter abhängig und von den Fähigkeiten, die ein Kind bereits erworben hat. Gleichzeitig stellt die Freiheit, sich weiter von zu Hause entfernen zu dürfen, einen lohnenden Anreiz dar, manche Fähigkeit zu entwickeln, die dafür als Voraussetzung erforderlich ist, beispielsweise das Ablesen der Uhr.

Wer Verantwortung trägt, der trägt auch die Konsequenzen für sein Tun. Die Kinder lernen dabei auch, ihre Fähigkeiten und ihre Grenzen richtig einzuschätzen und sich bei Bedarf Hilfe zu suchen. Es ist keine Schande, eine Schwäche einzugestehen. So ist das auch später im Leben. Keinem Erwachsenen geht es anders.

Kinder stellen viele Fragen, auf die sich auch selbst eine Antwort geben können. Natürlich sollen sie lernen, auch die Meinung von anderen einzuholen, weil sie damit ihren Erfahrungshorizont erweitern. In vielen Situationen ist das aber nicht erforderlich und wirklich nur eine Folge von Bequemlichkeit. Eltern geben oft allzu schnell eine Antwort, die das Kind sich selbst geben kann und entmündigen es dadurch. „Mama, wo ist mein Anorak?" ist eine der unzähligen Fragen, deren Beantwortung in den Verantwortungsbereich des Kindes fallen.

Meistens geht die Geschichte so weiter, daß die Mutter dem Kind sagt, wo der Anorak ist, denn sie hat ihn vor der Haustüre eingesammelt und an den Haken gehängt, oder daß sie unwillig antwortet: „Woher soll denn ich wissen, wo dein Anorak ist?" Da schwingt dann jede Menge Vorwurf als Unterlegung mit. Hilfreich ist es, wenn die Mutter die Verantwortung beim Kind beläßt und ihm selbst die

Frage stellt: „Ja, wo ist dein Anorak?" mehr nicht. Wenn sie ihr Kind dabei anschaut und beobachtet, wird sie sehen, ob es jetzt selbst die Antwort findet. Wie beglückend ist es doch für das Kind, wenn ihm selbst die richtige Antwort in den Sinn kommt. Wenn es nicht weiterkommt, kann sie eine weiterführende Frage stellen: „Wann hast du ihn das letzte Mal gesehen?" Freilich, wenn sie den Anorak vom Haken genommen und in die Waschmaschine gesteckt hat, wird sie ihm das sagen. Da kann das Kind nichts dafür, wenn es den Anorak nicht finden kann. Das ist ihre Verantwortung. Hier weiß sie die Antwort.

Es gibt eine Reihe von Wörtern und Redewendungen mit dem Wort Verantwortung. Ich habe einige von ihnen in meinem Sprachgebrauch durch andere Formulierungen ersetzt oder ganz gestrichen. Damit sage ich viel klarer, was ich genau meine, und außerdem klingt das, was ich sagen möchte, angenehmer. Statt „etwas verantworten" sage ich „für etwas gerade stehen", statt „dafür bin ich verantwortlich" sage ich „das ist meine Aufgabe". Wenn ich von den Verantwortlichen spreche, dann benenne ich soweit als möglich diejenigen, die ich damit meine. Das ist konkret und nicht so allgemein und diffus.

Manche von diesen Verantwortungs-Wörtern gebrauche ich gar nicht mehr, zum Beispiel „verantwortungsbewußt". Es gibt nichts, was verantwortungsbewußter ist als etwas anderes. Ich schenke allem, was ich tue, meine volle Aufmerksamkeit, und ich erachte alles als wichtig. Weil ich alles bewußt tue, erübrigt sich dieses Wort. Ich müßte überall „verantwortungsbewußt" sagen.

Die allermeisten ver-Wörter bringen nicht das zum Ausdruck, was ich mit ihnen sagen möchte. Sie eignen sich eher zum bewußten Spielen mit der Sprache. Jemand mit einem Haltungsschaden hat sich ver-halten. Er muß lernen, sich wieder gerade zu halten.

Darum wähle ich für die meisten ver-Wörter lieber eine

andere Formulierung. Die deutsche Sprache ist eine sehr reiche Sprache. Wir haben wirklich die freie Auswahl. Zwei ver-Wörter treffen aber den Nagel auf den Kopf: verdreht, da stimmt das Wort mit der gedachten Aussage überein, und verrückt. Da ist etwas verschoben, verrückt worden. Es ist nicht mehr da, wo es vorher war. Das ist verrückt. Im Lexikon steht dafür freilich eine andere Beschreibung.

■ Zieh- und Hängwörter

Eltern beklagen sich oft darüber, daß ihre Kinder anstrengend sind und an ihren Nerven zerren. Sie erzählen von dem ewigen Hin und Her und davon, daß die Kinder an ihrem Rockzipfel hängen.

Bei dieser Darstellung der Eltern kommt mir das Bild in den Sinn vom dem Zwerg in dem Märchen von Schneeweißchen und Rosenrot, dessen Bart festgeklemmt ist in dem Baum. Er bemüht sich frei zu kommen. Deswegen springt er hin und her.

Bei den Eltern und den Kindern ist kein Bart festgeklemmt, aber sie hängen aneinander und kommen voneinander nicht los, ähnlich wie der Zwerg an dem Baum. Auch sie zerren und ziehen und versuchen frei zu kommen. So wie sie es tun, gelingt es ihnen nicht.

Eltern können nur dann an einem Kind ziehen, wenn sie durch unsichtbare Bänder und Stricke mit ihm verbunden sind. Auch die Kinder können nur dann an ihren Eltern herumziehen, wenn diese Bänder existieren. Sie sind wirklich da, sie haben eine Wirkung. Sie können aber nur wirken, wenn sie da sind.

Die Sprache macht diese unsichtbaren Bänder sichtbar und ermöglicht es jedem, sie mittels der verschiedenen Wortbilder deutlich zu erkennen. Der bewußte Gebrauch der Sprache ist daher ein einfacher und gleichzeitig sehr wirkungsvoller Weg, der aus einengenden Bindungen in die innere Freiheit führt.

Kein Kind will diese einengende Bindung. Kinder können sich daraus aber nicht aus eigener Kraft befreien. Das ist die Aufgabe der Eltern. Sie müssen das Kind entbinden, aus der Bindung lösen. Manchmal sieht es so aus, als ob die Kinder an ihren Eltern hängen und sie nicht weggehen lassen oder ihnen am Rockzipfel hängen und ihnen auf Schritt und Tritt folgen. Das gibt es. Und doch haben nicht die Kinder diese Nähe erzwungen. Sie ist eine logische Folge von den engen Bändern, die die Eltern geknüpft haben und nicht loslassen.

Es gibt eine lange Liste von Wörtern, die zeigen, wo überall Bindung bindend ist und ein Weiterkommen erschwert. Statt dieser einengenden Bindungen gibt es natürlich Familienbande und Bande zwischen Freunden und Gleichgesinnten, die jedes Mitglied in einem Netzwerk tragen und eine sehr wohltuende Wirkung haben. Sie sollen erhalten bleiben in der Qualität von einem freiwilligen, freudigen Miteinander. Eine solche Nähe ist sehr wünschenswert. Daraus erwächst ein wunderbarer Austausch und ein gemeinsames Schwingen, bei dem sich die Kräfte potenzieren. Hier ist alles im Fluß, und nichts ist fest und starr.

Diese Qualität von Miteinander ist erst möglich, wenn die Beteiligten den Mut haben, loszulassen und sich und den anderen zu trauen. Das bedeutet, daß sie als erstes die einengenden Bindungen erkennen, innerlich annehmen und dann lösen. Das erfordert eine Neuorientierung im Denken. Da die Sprache ein Abbild der Gedanken ist, kann jeder mit einer bewußt gewählten Wortwahl sein Denken in eine andere Richtung lenken.

Zahlreiche Wörter und Redewendungen machen das Bindende, Einengende, Behindernde von starren Bindungen deutlich: an einem Menschen hängen, an einem Erinnerungsstück hängen, in einer Beziehung leben, ungezogen sein, gut erzogen sein, ein Kind verziehen, mit verbindlichen Grüßen, sich jemandem verbunden fühlen, Verband, Bindung, verstrickt sein, jemanden einbeziehen, ins Vertrauen ziehen, jemanden an sich binden, sich binden und sich eingebunden fühlen.

Es macht für die Eltern und für das Kind tatsächlich einen gefühlsmäßigen Unterschied, ob die Eltern sagen: „Ich hänge an meinem Kind" oder „Ich liebe mein Kind von ganzem Herzen", was ja im Grunde gemeint ist. Eltern ist die einengende Wirkung von dem Wort „hängen" nicht bewußt. Sie wollen ihr Kind nicht einengen, im Gegenteil: Sie möchten, daß es sich gut entwickelt. Sie merken nicht, daß sie es daran hindern, wenn sie an ihm hängen.

Kinder können sich viel leichter entwickeln und ihre Fähigkeiten buchstäblich auswickeln, wenn sie nicht von allen Seiten eingebunden und mit anderen Personen verstrickt werden. Bei so viel Eingebundensein und Miteinander-Verbundensein ist das für ein Kind gar nicht leicht.

■ Kinder sind kein Besitz

Florian ist nicht mehr „mein Florian"

In einer Eltern-Kind-Beziehung können die Eltern regelrecht besitzergreifend sein. Das ist ihnen im allgemeinen nicht bewußt. Umso leichter können sie damit aufhören, wenn sie diese Tatsache erkannt haben. Auch das Besitzergreifende zeigt sich in der Sprache.

Eine Mutter kam zu spät in einen Workshop und war noch ganz erregt von dem, was sie daheim gerade erlebt hatte. Sie sagte: „Mein Peter hat mich nicht weggehen lassen. Er hängt so an mir, das war jetzt ganz schwierig, naja, deswegen bin ich ja auch hier."

Ich bat sie, daß sie „mein Peter" ein paar Mal laut und langsam wiederholt. Sie tat es, und das „mein" wurde immer dominanter und ausgeprägter. Dann bat ich sie und auch eine andere Teilnehmerin, daß sie nacheinander „mein Kind" sagen. Bei der Mutter von Peter lag die Betonung auf „mein", bei der anderen Teilnehmerin auf „Kind". So sehr die Äußerung ‚mein Peter' einfach liebevoll klingen könnte und sicher auch gemeint ist, so sehr engt sie ihn bei dieser Betonung und Gefühlslage ein.

Peters Mutter war mit dieser einengenden Bindung an ihr Kind nicht allein. Gerda, einer anderen Mutter im gleichen Workshop, erging es ähnlich.

Gerda ist eine aufopfernde Mutter, die ihre eigenen Bedürfnisse hinter die Bedürfnisse der Familie zurückstellt und das Beste für ihre Kinder möchte. Sie ist seit der Geburt der Kinder abends nicht mehr mit ihrem Mann ausgegangen, es sei denn, die Großeltern kamen als Babysitter. Andere Babysitter wollten die Kinder nicht. Sie wollte daran gerne etwas ändern, wußte aber nicht wie.

Um ihre Denkweise zu erfahren, bat ich sie, von ihren Söhnen zu erzählen. Sie begann: „Mein Julian ist vier Jahre alt, und mein Großer, der Florian, ist sechs. Ich mache tagsüber wirklich alles für meine Kinder. Ich begleite sie auf den Spielplatz und bin auch im Garten meistens bei ihnen. Sie bleiben da auch nicht allein. Ganz selten gehen sie mit einer anderen Mutter mit. Und da, daß muß ich ganz ehrlich sagen, fühle ich mich dann ohne sie etwas allein."

Ich hörte immer wieder „mein", „mein" und noch einmal „meine" Kinder. Ich wollte gerne, daß sie selbst spürt, welche Wirkung dieses betont ausgesprochene „mein Kind" hat. Dann machte ich sie auf den wiederholten Gebrauch von „mein" aufmerksam und bat auch sie, wie schon vorher Peters Mutter und die andere Teilnehmerin, mehrmals nacheinander „mein Kind", „mein Großer", „mein Florian" laut zu sagen. Sie schaute erstaunt und lachte dann. Sie hatte überhaupt nicht gemerkt, daß sie dauernd ‚mein' gesagt hatte, obwohl wir schon vorher in der Gruppe davon gesprochen hatten und ihr vom Kopf her die Wirkung klar war. Sie hatte auch mehrfach zustimmend genickt.

Das zeigt, wie sehr das intellektuelle Wissen und das tatsächliche Tun oft auseinanderklaffen. Dabei wurde allen bewußt, wie selbstverständlich dieses „mein Kind" gebraucht wird und wie stark gerade das „mein" bei den meisten Teilnehmern unterlegt ist. Diese unterschwellige Wirkung war keinem der Teilnehmer bewußt. Das „mein" sollte liebevoll sein. Dabei kam ungewollt etwas anderes heraus.

Dazu kam, daß sie sich für die Familie aufopferte. Indem sie sich als Opfer fühlte, machte sie aus ihren Familienangehörigen Täter. Das wollen sie nicht sein, und sie werden dazu gemacht. Opfer und Täter gehören zusammen. Die Einstellung des Sich-Aufopferns erzeugt eine einengende Bindung. Anders ist es, wenn Gerda sich für ihre Familie einsetzt und engagiert. Dann macht sie das, weil sie es so möchte. Ihre Familie fühlt sich damit viel wohler.

Kinder fangen diese unterlegten Botschaften ganz klar auf und reagieren auf sie. Sie spüren das noch viel deutlicher als die Erwachsenen. Wenn die Mutter oder der Vater Bindung aussendet, dann dürfen sie sich nicht wundern, wenn sie dann auch Bindung erleben. Das Leben ist sehr konsequent und greift eben auch die unbewußten Botschaften auf.

Ich bat Gerda, daß sie noch einmal von ihren beiden Söhnen erzählt und dieses Mal statt „mein Kind", „Julian" und „mein Florian" und „mein Großer" ihre Namen benützt und einfach von Florian und Julian erzählt. Sie machte das, und es klang für sie sehr ungewohnt, beinahe nackt. „Julian geht vormittags in den Kindergarten, und Florian kommt im Herbst in die Schule." Die anderen Teilnehmer empfanden, daß die Kinder um Jahre älter und selbständiger geworden sind. So einfach ist das.

Gerda war in ihrer Sprache achtsam und konsequent. „Man", „eigentlich" und die anderen Füllwörter hatte sie schon aus ihrer Sprache herausbekommen. So konnte sie ihre Aufmerksamkeit jetzt auf das „mein" lenken.

Sie nannte die beiden Jungen bei ihrem Namen und sprach von ihrem ersten und von ihrem zweiten Sohn. Florian und Julian spürten, daß sich damit etwas Wesentliches geändert hat. Sie wurden innerhalb kurzer Zeit selbständiger und selbstbewußter. Sie entwickelten sich beide zu kleinen Persönlichkeiten mit einer eigenen Meinung und eigenen Interessen. Gerda mußte schon bald nicht mehr überall hin mitgehen. Jetzt hatte sie mehr Zeit für sich selbst.

Ich habe zwei Kinder

Rita ist Mutter von zwei Kindern. Auch sie war mit ihnen eng verknüpft und verbunden, als sie in den ersten Workshop kam. Sie hatte das Empfinden, wegen der Kinder ans Haus gebunden zu sein und nicht ihren eigenen Interessen nachgehen zu können. Das stimmt, und das stimmt auch nicht. Das Schmerzliche ist dabei der unterschwellige Vorwurf, den sie ihren Kindern macht, die sie selbst geboren und in die Welt gesetzt hat.

Als sie von ihnen erzählte, sagte sie: „Ich habe zwei Kinder." Dabei klang das „haben" so unangenehm, so hart, daß ich unwillkürlich an die etwas grobe Äußerung „So, das hast du jetzt davon!" denken mußte.

Da wandte ich ein: „Du hast die beiden Kinder vor neun und vor elf Jahren geboren, und jetzt lebst du mit ihnen und deinem Mann unter einem Dach. Du hast sie nicht!"

Ritas Hände schlossen sich zur Faust. Es war, als ob sie ihre Hände um unsichtbare Zügel schließt und sie fest im Griff halten möchte. Nach kurzem Nachdenken sagte sie mit etwas zusammengebissenen Zähnen: „Ich werde die Sache schon noch in den Griff kriegen."

Ich wünschte ihr den Mut, den Griff etwas zu lockern, so daß ihre beiden Kinder ihre Fähigkeiten entfalten und an Selbständigkeit gewinnen können, so wie ein aus der Puppe befreiter Schmetterling seine Flügel öffnet.

Rita konnte ihren Griff in den nächsten Wochen allmählich lockern und eine Haltung einnehmen, die von einem langsam wachsenden Trauen in die Fähigkeiten ihrer beiden Kinder getragen war. Statt ihrem etwas verbissen klingenden „Ich habe Josef und Veronika" sagte sie jetzt: „Ich bin tagsüber für Josef und Veronika da." Genauso war es auch. Das offene a am Ende von „ich bin für sie da" zeigte sich auch in ihrer Gestik. Die Hände öffneten sich leicht, und die Hände beschrieben eine weiche Bewegung nach außen.

Diese andere Sichtweise ermöglichte ihr, daß sie für sich Freiräume fand und das Zusammenleben mit den Kindern mehr und mehr genießen konnte. Kinder sind eine Leihgabe des Lebens an uns. Ob wir die Zeit an ihrer Seite genießen können, hängt weitgehend von unserer Einstellung ab.

Praktische Übung:
Beobachten Sie, wie Sie von Ihren Kindern und Ihrem Partner sprechen. Sagen Sie „mein Kind, mein Großer, mein Kleiner? Wie klingt das bei Ihnen?

Probieren Sie es zwei Wochen lang anders und sagen Sie statt „mein Kind" den Namen Ihres Kindes. Ändert sich etwas? Fühlen Sie sich besser? Ruht das Kind mehr in sich? Ist es freier und kooperativer? Fühlen Sie sich Ihrem Partner wieder näher, weil kein Kind mehr dazwischen steht?

Kommunikation ist alles

■ Muttertaub?

Eltern erzählen mir oft, daß sie sich bei ihren Kindern den Mund fuselig reden und daß sie manchmal richtig sauer auf ihre Kinder sind, weil sie nicht das tun, was sie ihnen sagen oder ihnen auch keine Antwort geben, wenn sie sie rufen oder etwas fragen.

Wenn ich sie frage, ob sie mit ihrem Kind Kontakt aufnehmen, bevor sie es ansprechen, schauen sie mich meistens fragend an und glauben, daß sie mit ihm Kontakt herstellen, indem sie es ansprechen.

Sie können ihr Kind aber nur erreichen, wenn sie einen Draht zu ihm haben, wenn es einen Draht gibt, über den der Strom das Kind erreichen kann. Sie müssen erst sicher stellen, daß der Kontakt hergestellt ist, daß gleichsam der Stecker in der Steckdose steckt. Dann werden die Wörter beim Kind auch wirklich ankommen. Wirklich heißt, daß sie beim Kind auch eine Wirkung haben und nicht ins Leere gehen.

Bevor die Eltern ihrem Kind etwas sagen wollen, müssen sie natürlich erst einmal wissen, was sie ihm sagen wollen, und daß es ihnen wirklich wichtig ist, daß das Kind sie hört und auch tatsächlich reagiert. Wenn vorher der erforderliche Kontakt hergestellt ist, genügt es, wenn Eltern das, was sie sagen wollen, einmal sagen.

Ich erlebe es oft, daß Eltern ihren Kinder mehrfach laut etwas zurufen und dann irgendwann aufgeben, weil es nicht reagiert. Sie gehen eher nicht zum Kind, obwohl es in erreichbarer Nähe ist. Diese Kinder gewöhnen sich daran, daß die Eltern ihnen dauernd etwas nachrufen und daß es keine Rolle zu spielen scheint, ob sie antworten oder nicht.

Besonders eindrücklich ist mir die Geschichte von einem vier- oder fünfjährigen Jungen in Erinnerung, der neben mir saß und mir etwas erzählte. Da rief seine Mutter ihn. Beim dritten Mal machte ich ihn darauf aufmerksam und sagte: „Philip, deine Mama ruft dich!" Ohne mit der Wimper zu zucken sagte er: „Die ruft höchstens fünf Mal, die hört gleich wieder auf!" und erzählte mir die Geschichte weiter, die er begonnen hatte. Dieser Junge ist muttertaub. Muttertaub gibt es, vatertaub habe ich noch nicht erlebt.

Es liegt an den Eltern, wenn so etwas passiert. Philips Mutter war ihr Anliegen nicht so wichtig, daß sie sich dafür einsetzt, daß sie wirklich Gehör findet. Die Kinder lernen das, was ihre Mutter ihnen sagt, nicht zu schätzen. So macht es die Mutter ihnen schwer, von ihr etwas zu lernen und anzunehmen. Dieses Verhalten werden sie auch in die Schule mitbringen, und es ist ein schmerzlicher Prozeß, davon wieder frei zu werden.

Manchmal ist es ja auch völlig unwichtig, daß das Kind gerade in diesem Augenblick das erfährt, was die Mutter ihm sagen möchte. Aber warum dann quer durchs Haus rufen? Beim nächsten Mal weiß das Kind dann nicht, ob es wichtig ist oder nicht und rührt sich lieber nicht, wenn es gerade mit etwas Schönem beschäftigt ist.

■ Die drei A: Ansprechen, anschauen, atmen

Wenn die Eltern ihrem Kind etwas sagen wollen, dann liegt es an ihnen, mit ihm den Kontakt aufzunehmen. Der erste Schritt besteht darin, daß sie es mit seinem Namen ansprechen. Es wird dann gleich merken, daß es gemeint ist, weil es ja seinen Namen hört. Wenn das Kind im gleichen Raum ist, dann genügt ein Ansprechen: „Florian!" Die Eltern tun gut daran, nicht gleich weiter zu reden.

Wenn sie klug sind, warten sie einen Augenblick, bis ihr Kind her schaut und sie Blickkontakt haben. Das bedeutet auch, daß der Vater oder die Mutter ebenfalls den Blickkontakt suchen und nicht einfach nebenbei in der Zeitung blättern oder in den Kochtopf schauen. Sie bringen mit einem solchen Verhalten keine Achtung für den Angesprochenen herüber. Nur wer sich beachtet fühlt, spürt, daß er geachtet wird.

Wenn das Kind sich dennoch nicht angesprochen fühlt, dann ist es wahrscheinlich so auf sein Spiel konzentriert, daß es für nichts anderes ein Ohr hat. Genau dieses ist oft der Grund, wenn die Kinder auf den Ruf der Eltern nicht reagieren. Sie haben ihn schlicht und ergreifend nicht mitbekommen. Das erste, was sie dann hören, ist der genervte Ruf: „Komm endlich, kannst du denn nicht hören!" und sie wissen nicht, was los ist. Das dämpft natürlich ihre Bereitschaft, willig und freundlich mitzumachen.

Solche unangenehmen Augenblicke können Eltern sich und ihren Kindern ersparen, indem sie erst sicher gehen, daß das Kind sie hört, bevor sie sprechen. Manchmal ist es erforderlich, sanft Körperkontakt aufzunehmen und das Kind zu berühren und dann seinen Namen zu sagen und wiederum erst den Blickkontakt abzuwarten.

Nehmen wir ein Beispiel: Wenn Florian nicht her schaut, dann braucht er eine konkrete Aufforderung: „Florian! Schau mich bitte an!" Wenn er die Mutter dann anschaut ist der zweite vorbereitende Schritt getan. Der Blickkontakt ist hergestellt.

Wenn Florian nicht im gleichen Raum ist, genügt auch ein klarer Rufkontakt: „Florian, hörst du mich?" „Ja, was ist?" Wenn Florian auf den Ruf hin dennoch nicht antwortet, dann müssen sich die Eltern klar machen, ob ihnen der

Kontakt im Augenblick wichtig ist oder nicht. Je nach dem werden sie zu ihm hingehen oder auf später warten. Das mag ein bißchen umständlich klingen. In Wirklichkeit spart es aber unendlich viel Zeit und Nerven. Niemand muß sich danach noch den Mund fuselig reden.

Wenn einmal der Kontakt hergestellt ist, wird der Erwachsene das Kind ansprechen. Er weiß dann, daß seine Botschaft bei dem Kind ankommt. Es gibt keine Ausrede. Bevor die Mutter oder der Vater den Mund öffnet, um weiter zu sprechen, ist es sinnvoll, ein-, besser dreimal bewußt zu atmen. So sammelt sich der Erwachsene und nimmt mit sich selbst bewußt Kontakt auf. Nach diesem bewußten Atmen hat er mehr Kraft in seiner Stimme und erreicht folglich leichter sein Ziel. Er muß dann die Stimme nicht mehr laut werden lassen, um ihr Gewicht zu geben. Die Stimme ist nach dem bewußten Atmen auch ruhig und fest, so daß die Aussage klar und eindeutig wird.

Wenn ein Kind den Auftrag oder das Verbot der Eltern gehört hat und sie nicht befolgt, dann kann das nur zwei Gründe haben. Entweder es kann den Auftrag nicht befolgen – dann braucht es die Hilfe oder Anleitung der Eltern – oder es mag nicht, weil es gerade eben keine Lust hat, seine Schuhe aufzuräumen. Dann tun die Eltern ihm nichts Gutes, wenn sie ihm das einfach durchgehen lassen und tun, als ob nichts passiert wäre. In keinem Kindergarten nehmen ErzieherInnen es hin, wenn die Kinder ihre Verbote und Anweisungen einfach ignorieren. Dort tun die Kinder das auch nicht, weil sie genau wissen, daß sie mit Konsequenzen zu rechnen haben.

Praktische Übung:
Wenden Sie vier Wochen lang die drei A an: ansprechen, anschauen und mindestens ein bewußter Atemzug, bevor Sie weiter sprechen.

> *Beobachten Sie, ob die Kommunikation mit den Kindern jetzt leichter gelingt. Haben Sie das Gefühl, daß sie Ihnen besser folgen? Ist die Stimmung daheim ruhiger und angenehmer geworden? Wie ist der allgemeine Umgangston in der Familie? Hat er sich geändert?*
>
> *Entscheiden Sie nach diesen vier Wochen bewußt, ob Sie weiterhin die drei A anwenden wollen oder nicht.*

■ Was wollen Sie mit Ihrer Aussage erreichen?

Bevor Eltern mit ihrem Kind Kontakt aufnehmen, sollten sie sich also klar machen: Was will ich ihm sagen? Was will ich erreichen? Was soll das Kind tun?

Das klingt so selbstverständlich, ist es aber gar nicht. Das zeigt das Beispiel von Peters Vater. Er kam abends nach Hause und mußte gleich hinter der Haustüre über einen Berg Schuhe steigen. Er ärgerte sich darüber und machte seinem Ärger Luft. Er sah seine drei Kinder von der Seite und von hinten, wie sie durchs Haus liefen, und schimpfte laut: „Jeden Tag das gleiche Durcheinander. Ihr wißt doch, wo die Schuhe hingehören!" Gleichzeitig schob er unwillig mit einem Fuß die Schuhe auf einer Seite des Durchgangs zusammen. Die Kinder fühlten sich nicht angesprochen. Denn er hatte sie auch nicht angesprochen. Mit seiner Aussage wollte er erreichen, daß die Kinder ihre Schuhe aufräumen. Das hat er aber nicht gesagt.

Er hat seine ganze Energie in seinen Ärger über das Durcheinander an der Haustüre gelenkt und sich nicht auf die mögliche Problemlösung konzentriert. Er hat seinen Kindern einen Vorwurf gemacht: „Ihr wißt doch, wo die Schuhe hingehören!" Ein Vorwurf ist so etwas wie ein Fehde-Handschuh, der am Beginn eines Duells dem Gegner vorgeworfen wird. Genauso reagieren dann die Kinder.

Der Vater macht damit ein Spielchen auf, das er selbst gar nicht spielen möchte.

Möchte er wirklich mit ihnen Streit? Oder möchte er, daß sie jetzt kommen und die Schuhe wegräumen? Dann muß er ihnen das klar sagen. Wenn sie dann auch nicht kommen, dann muß er sich eine Konsequenz ausdenken, aus der die Kinder lernen. Er könnte beispielsweise die Schuhe eine Treppe tiefer schieben, so daß sie ihn nicht mehr stören, oder sie in einen Sack stecken und hinaus in die Garage tragen.

Es ist wichtig, daß das bei den Kindern nicht als Strafe für „böses Verhalten" ankommt, sondern ganz einfach als eine Konsequenz, aus der sie lernen. Eine Konsequenz ist eine logische Folge. Es ist keine sinnvolle Konsequenz, wenn der Vater sich beim Heimkommen – verständlicherweise – ärgert und die Schuhe beiseite schiebt.

Ursprünglich wollen die Kinder mit ihrem Verhalten niemanden ärgern, sie sind einfach bequem. Wenn sie die Erfahrung machen, daß Unordnung noch unbequemer ist, dann werden sie ihre Schuhe aufräumen. Das lernen sie schnell. So wird der Vater schon bald einen ordentlichen Eingang vorfinden. Dabei ist es wirklich wichtig, daß er ihnen mit seiner Handlungsweise nicht eins auswischen will oder sich persönlich geärgert fühlt. Dadurch schadet er sich nur selbst und auch seinem Verhältnis mit den Kindern. Er muß das Ziel vor Augen behalten: Ordnung. Nicht Rachegelüste. Damit würde er etwas ganz Ungutes hereinbringen.

Wenn es Peter klar ist, daß auf seine Aufforderung eine Konsequenz folgen wird, nämlich daß entweder die Kinder kommen und das tun, was er von ihnen möchte, oder daß er die Schuhe aus dem Weg schafft, aber nicht aufräumt, dann liegt in seiner Stimme Entschlossenheit und nicht Ärger. Er wird immer das erreichen, was er fühlt und denkt.

▪ Wollen Sie eine Frage stellen oder einen Auftrag geben?

Frage, Vorwurf und Bitte werden oft vermischt und anstelle eines eindeutigen Auftrags oder einer eindeutigen
Aussage geäußert. Das verwirrt und schafft unklare und
unerfreuliche Situationen. Es gibt im Alltagsleben ungezählte Beispiele dafür. Ich beschreibe eine Situation, die
den meisten Eltern bekannt ist. Es geht dabei um die täglichen Mahlzeiten.

Nach dem Essen stehen die Kinder auf und stürmen hinaus. Die Eltern möchten, daß jeder seinen Teller und sein
Besteck in die Küche trägt. Die Kinder wissen das, denken
aber oft nicht dran, so auch an diesem Tag. Als die Kinder
schon aufgestanden sind, ruft der Vater den Kindern mit
leicht gereiztem Unterton nach: „Könnt ihr denn bitte
schön eure Sachen nicht wegstellen? Wie oft müssen wir
euch das noch sagen?"

Was möchte er damit erreichen? Er stellt eine Frage
nach der anderen und erwartet doch keine Antwort.
Warum stellt er dann eine Frage? Eine Frage beinhaltet,
daß der Angesprochene mit „ja" oder mit „nein" antworten kann. Das ist sicher nicht in seinem Sinn.

Eine Frage soll eine Frage sein und auch eine Antwort
zum Ziel haben. Natürlich gibt es rhetorische Fragen. Sie

haben ihren Platz in der Redekunst und sind dort ein beliebtes Stilmittel. Doch für Kinder sind sie nicht geeignet. Kinder werden eher bei einer rechtzeitigen und klaren Aufforderung das Geschirr abräumen. Das kann dann so klingen: „Fabian und Peter, wenn ihr jetzt aufsteht, tragt bitte das Geschirr in die Küche und räumt es in die Spülmaschine!"

Eine ähnliche Vermischung wie bei Fragen und Aufforderungen gibt es bei Aussagen und Aufforderungen. Eine Aussage soll eine Aussage bleiben und nicht eine versteckte Aufforderung beinhalten. Wenn in der Aussage eine Aufforderung versteckt ist, dann soll die Aufforderung auch offen ausgesprochen werden. Der Sprecher muß sich aber erst einmal dieser Vermischung bewußt werden. Diese Vermischung bewirkt, daß die Stimme unangenehm unterlegt ist.

Ich nehme wieder ein ganz alltägliches Beispiel, dieses Mal aus einer dreiköpfigen Familie mit einer 5jährigen Tochter. Maria hat die Angewohnheit, daß sie ihre Spielsachen überall im Haus ausbreitet und dann liegen läßt. Dann liegen Überraschungseierfigürchen im Waschbecken der Gästetoilette, die Barbie-Kleidung ist auf dem Sofa und die Malsachen im Wohnzimmer auf dem Boden. Das ist ein tägliches Geziehe zwischen ihr und den Eltern und schafft auch Spannungen zwischen die Eltern.

Wenn Marias Mutter die Spielsachen sieht, die sie überall im Haus verstreut hat, und sich darüber ärgert, daß sie sie nicht aufräumt, dann macht sie manchmal eine leicht bissige Bemerkung: „Deine Spielsachen sind im ganzen Haus verstreut!" Das ist eine Aussage, nichts weiter. Mit dem bissigen Unterton läßt die Mutter im Augenblick etwas Dampf ab, aber Maria wird ihr Verhalten so nicht ändern.

Mehr Erfolg wird die Mutter haben, wenn sie der Aussage einen zweiten Satz folgen läßt: „Ich möchte, daß du alle deine Spielsachen bis heute Abend einsammelst und in dein Zimmer bringst." Damit achtet sie ihre eigenen Bedürfnisse nach mehr Ordnung. Jetzt wird sie keinen bissigen Unterton mehr in ihren Satz legen, weil sie sich selbst achtet. Damit ihr Satz bei Maria das gewünschte Ziel erreicht, muß die Mutter die Entschlossenheit haben, daß sie Maria eine Konsequenz spüren läßt, falls sie der Aufforderung nicht folgt, etwa alle Spielsachen zusammensucht und für eine bestimmte Zeit wegschließt.

Es ist für Kinder sehr wichtig, daß sie den Anweisungen, Aussagen und Fragen ihrer Eltern Beachtung schenken und daß die Eltern Wert darauf legen, daß sie es tun. Sie werden das Verhalten, das sie daheim erlernen, auch in der Schule weiterleben. Es ist offensichtlich, daß diejenigen Kinder sich dort viel leichter tun, die das schon daheim gelernt haben.

Eltern machen sich und den Kindern das Leben leichter, wenn sie klare Fragen stellen, klare Bitten äußern, klare Aufträge erteilen und auch klare Aussagen machen. Kurze, überschaubare Sätze erleichtern ebenfalls die Kommunikation.

Lernen ist schön

■ Gedanken vor dem Lernen

Das Ich-kann-nicht-Syndrom

Viele Erwachsene sagen bei allen möglichen und unmöglichen Gelegenheiten „ich kann nicht". Das „ich kann nicht" muß als höflich gemeinte Ausrede ebenso herhalten wie für die nicht offen zugegebene Angst vor einem Mißerfolg. Jedes „ich kann nicht" schränkt ein und versperrt den Blick auf eine mögliche Änderung der Voraussetzungen. „Ich kann noch nicht" oder „ich habe das nicht gelernt" läßt die Möglichkeit der Weiterentwicklung offen. Erwachsene und auch Kinder können nur dann Neuerungen hervorbringen, wenn sie die bis dahin gültigen Grenzen nicht als eine unumstößliche Wahrheit ansehen.

Bei einem Vortrag zum Thema „So lernt jedes Kind gern" jonglierte ich mit drei Jongliertüchern und reichte sie dann einer Frau aus dem Publikum. Ich bat sie, auch einmal zu jonglieren oder es doch wenigstens zu probieren. Ihre spontane Reaktion war vielsagend: „Das kann ich bestimmt nicht!" Das war alles, was ich hören wollte. Es ging mir nicht um das Jonglieren. Ich wollte nur wissen, wie sie auf die Aufforderung reagiert. Dann reichte ich die Tücher einer anderen Frau. Sie wußte, auf was ich hinaus wollte und sagte: „Ich weiß nicht, ob ich das kann. Ich probiere es einmal!"

Für Eltern ist es selbstverständlich, daß ihre Kinder täglich Neues ausprobieren und kennenlernen und dabei nicht nur Erfolge erleben, sondern auch Mißerfolge. Sie sind Teil des Lernens. Sie betrachten es als selbstverständlich, daß sie auch vor den Augen anderer den Mut dazu haben und sich von ihnen nicht stören lassen, selbst wenn sie einen Mißerfolg erleiden.

Es hilft den Kindern, wenn auch ihre Eltern bereit sind, Neues auszuprobieren und sich dabei einmal in Anwesenheit anderer ungeschickt anstellen. Es ist eben noch kein Meister vom Himmel gefallen.

Solche kleinen und unbedachten Äußerungen sind sehr verräterisch. Kinder haben ein feines Gespür für die darin enthaltene Botschaft. Die Eltern trauen ihren eigenen Fähigkeiten nicht. Kann eine Mutter tief und fest an die noch schlummernden Fähigkeiten ihres Kindes glauben, wenn sie bei sich selbst nicht daran glaubt?

Kinder, die oft sagen „ich kann das nicht" haben diese Äußerung woanders gehört. Es kommt nicht ursprünglich von ihnen selbst. Viele Eltern sagen häufig und gewohnheitsmäßig „ich kann das nicht" und ahnen nicht, daß sie durch diesen einengenden Glaubenssatz ihren Kindern ein einengendes Vorbild geben. Kinder sind gelehrige Schüler.

Eltern, die sich bewußt machen, daß sie sich mit jedem „ich kann nicht" selbst blockieren, entwickeln ein feines Gespür für diese oft so unbedacht benutzte Floskel. Auch in einer Floskel wirkt das Wort mit den zusammen mit ihm gespeicherten Gefühlen. Floskeln haben durchaus eine Wirkung.

Viele „ich kann nicht" sind völlig überflüssig und können leicht ersetzt werden durch eine Formulierung, die die Wahrheit viel besser trifft und daher den Blick für andere Möglichkeiten öffnet. Wenn mich jemand einlädt und ich an diesem Tag einen anderen Termin habe, dann sage ich nicht mehr „Ich kann nicht kommen", sondern „da habe ich einen anderen Termin eingetragen, deswegen werde ich für diesen Tag deine Einladung nicht annehmen". Seit ich die gleichen Dinge so sage wie sie sind, finde ich oft Lösungen, an die ich früher nicht gedacht hatte. Ich kann Termine verschieben oder absagen oder auch zusammenlegen. Manchmal ergibt es sich, daß gerade der ursprünglich geplante Termin auch für den dazukommenden Dritten von Interesse ist.

Viele Einschränkungen halten wir Menschen für zwingend und führen dafür sogar verschiedene physikalische Gesetze an. Die Natur läßt sich von unserem „kann nicht" nicht beeindrucken. Das zeigt das Beispiel der Hummel.

Sie hat 0,7 qcm Flügelfläche bei 1,2 Gramm Gewicht. Nach den bekannten Gesetzen der Aerodynamik ist es unmöglich, bei diesen Verhältnissen zu fliegen. Die Hummel weiß das aber nicht und fliegt einfach!

Wenn das mal gut geht!

Es gibt einige Aussprüche, die Eltern im Zusammenleben mit ihren Kindern gebrauchen, die wenig sinnvoll sind und letztlich Kraft rauben. Der Ausruf „Wenn das mal gut geht!" ist einer davon. Dieser Satz macht unsicher und sät Zweifel. Er weist auf ein mögliches Unglück hin, benennt es aber nicht und zeigt daher auch nicht, aus welcher Ecke Gefahr droht und wo folglich Aufmerksamkeit angebracht ist.

Eltern, die diesen Satz gebrauchen, ahnen, daß etwas Unangenehmes passiert. Ist das so schlimm, daß sie darin wirklich eine Gefahr für ihr Kind sehen? Dann müssen sie eingreifen, und ein so allgemeiner Ausruf wie der genannte Satz macht in diesem Augenblick keinen Sinn. Es bleibt bei der vagen Ankündigung einer möglichen Gefahr.

Oder wollen sie dem Kind ankündigen, daß sich vermutlich gleich ein kleineres Unglück ereignen wird, daß beispielsweise gleich der Turm, an dem es gerade baut, umfallen wird, weil er schief wird? Das wird das Kind schon selbst merken. Aus den eigenen Erfahrungen lernt es viel mehr als aus den Bemerkungen der Eltern. Eltern nehmen ihrem Kind etwas von seinen Erfahrungen weg, wenn sie das Ergebnis vorwegnehmen.

Bei dem Beispiel mit dem Turm ist der Nutzen, den das Kind aus der Erfahrung zieht, mit Sicherheit größer als der Schaden, vor dem es seine Eltern vielleicht bewahren wollten, der doch nur darin besteht, daß das Kind den Turm von neuem aufbaut. Und dieses Mal wird es den Turm anders bauen und die neu gewonnene Erfahrung in seinen Bauplan einbringen. Damit hat es einen neuen Lernschritt gemeistert.

Wenn diese Eltern ihr Kind vor dem Einstürzen des Turmes warnen wollen, dann können sie ihm ihre Beobachtungen mitteilen, ohne die mögliche Weiterentwicklung zu verraten. Die darf das Kind selber herausfinden. So macht Lernen viel mehr Spaß.

Das kann bei dem Beispiel mit dem Turm so klingen: „Philip, warte einen Augenblick. Schau deinen Turm an. Er ist schief. Was meinst du, was passiert, wenn du noch einen Stein darauf legst?" Philip könnte antworten: „Fällt der dann ein?" Die Eltern könnten dann sagen: „Was meinst du selbst? Du kannst es ausprobieren!" Philip wird sich selbst die Antwort geben. Damit übernimmt er die Verantwortung für seinen Turm.

Lena, versuch's halt mal selber!

Isabels Tochter Lena war sechs Jahre alt und sollte im nächsten Jahr in die Schule kommen. Sie hatte nur wenig Ausdauer und war leicht frustriert. Sie ließ sich schnell entmutigen. Schon bei den kleinsten Kleinigkeiten im Alltag gab sie schnell auf. Das erfüllte ihre Mutter in Hinblick auf die Schule mit Sorge.

Ich bat Isabel, mir eine alltägliche Situation mit Lena darzustellen. Sie erzählte: „Das war gestern, als wir aus dem Haus gehen wollten. Lena kam zu mir und hielt mir erwartungsvoll und wortlos den Schuh mit dem verknoteten Schuhbändchen hin. Ich nahm den Schuh, schaute ihn an und gab ihn ihr gleich wieder zurück und sagte ihr, daß sie ihn selber aufmachen soll. Der war gar nicht richtig verknotet, den hätte sie leicht selber aufbringen können. Da jammerte sie gleich und sagte in kläglichem Ton: ‚Das kann ich nicht!'"

Dann fragte ich sie, ob sie sich erinnert, wie sie mit ihr gesprochen hat. „Ja," sagte Isabel, „ich habe ihr ganz einfach gesagt: ‚Lena, versuch's halt mal selber!'"

Ich bat sie, diesen Satz langsam und deutlich zehn Mal zu wiederholen. Beim vierten Mal kam der genervte Unterton deutlich hervor. Isabel konnte diese Unterlegung deutlich spüren. Er kam bei Lena bestimmt an und übertönte vermutlich die Aufforderung ihrer Mutter. Lena spürte in erster Linie, daß ihre Mutter sich von ihr genervt fühlte. Es war gut möglich, daß sie deswegen traurig war und ihr der Mut zur Eigeninitiative sank.

Als nächstes erkannte Isabel, daß sie zwei Füllwörter in ihrem kurzen Satz hatte, halt und 'mal. Also bildete sie den Satz neu ohne diese Füllwörter. Dann klang das so: „Lena, versuch es selber!" Das war schon weit klarer. Doch war noch immer nicht gesagt, was Lena versuchen sollte.

Isabel kann Lena weiterhelfen, wenn sie ihr sagt: „Setz dich hin und nimm den Schuh auf den Schoß. Dann versuche, ob du den Knoten selber aufbekommst. Ich glaube, du kannst das schaffen!"

Damit macht sie ihr Mut und zeigt ihr, daß sie an sie glaubt. Lena wird verschiedene Anläufe machen und schließlich den Knoten entwirren. Es kann sein, daß Isabel ihr zwischendurch eine kleine Hilfestellung gibt und ihr gerade so viel hilft, daß sie danach wieder allein weitermachen kann.

Auf diese Weise wird Lenas Selbstbewußtsein steigen, und sie wird immer sicherer die alltäglichen großen und kleinen Herausforderungen meistern.

Lena braucht natürlich Zeit, um ihr Schuhbändchen selber aufmachen zu können. Es ist wichtig für sie, daß ihre Mutter sie ihr gibt und in ihrem Zeitplan dafür Luft läßt. Schon in absehbarer Zeit wird Isabel merken, daß sie selbst sehr viel Zeit gewinnt, wenn sie ihrer Tochter die Chance und die Zeit gibt, selbständig Lösungen zu finden.

Das könnte besser sein!

Eine Mutter suchte mich gemeinsam mit ihrem 9jährigen Sohn auf, der Schwierigkeiten mit der Rechtschreibung hatte und die Freude am Lernen verlor. Im Lauf des Gesprächs sagte der Junge, daß das Schlimmste für ihn nicht die Schwierigkeiten mit der Rechtschreibung sind, sondern die Reaktionen seiner Mutter. Mit einem scheuen Blick zu ihr sagte er: „Sie sagt immer ‚Junge, das könnte besser sein‘, egal ob ich im Diktat zehn, fünfzehn oder zwanzig Fehler gemacht habe." Das machte ihn traurig und auch hilflos. Er tat wirklich sein Bestes.

Seiner Mutter war nicht bewußt, wie tief sie ihn damit verletzte. Sie war im Grunde enttäuscht, daß ihr Sohn keine besseren Ergebnisse brachte. Vielleicht glaubte sie, daß sie ihn mit ihrem Satz zu besseren Leistungen anspornen könnte. Statt dessen verdarb sie ihm aber die Freude am Lernen. Ich sagte ihr: „Das ist genau so, als wenn mir bei jeder Mahlzeit, die ich auf den Tisch stelle, jemand sagt: ‚Das ist lecker, aber es könnte besser sein.‘"

Ebenso frustrierend ist der Kommentar: „Du mußt dir nur mehr Mühe geben!" Dabei geht der Erwachsene davon aus, daß das Kind sich keine rechte Mühe gegeben hat. Das klingt wie eine lieblose Unterstellung, die tatsächliche Schwierigkeiten außer acht läßt.

Du schaffst es!

Wieviel schöner ist es für ein Kind, wenn es hört: „Du schaffst es, probiere es noch einmal anders!" Das macht Mut und fördert das Selbstvertrauen und die Fähigkeit, selbständig eine Lösung zu finden. Es bekommt genügend Zeit, das Begonnene nochmals zu machen und erfährt die Ermutigung durch den Erwachsenen. Es gibt jemanden, der an seine Fähigkeiten glaubt und ihm das auch sagt. Das tut dem Kind gut. Innerlich wird es auf Erfolg eingestimmt. Es wird selbst die Lösung finden. Der Hinweis, es noch einmal zu probieren und dabei anders vorzugehen, ist ein kleiner, wertvoller Hinweis des Erwachsenen. Der Weg hat nicht gestimmt, anders wird es schon gehen.

Wenn der Weg stimmt, das Kind aber einfach zu hastig war, dann könnte der Hinweis heißen: „Du schaffst es. Mach das gleiche bedächtiger!"

Das Wort „schaffen" ist für viele Erwachsene ein ungebräuchliches Wort. Sie denken bei „schaffen" und „geschafft" vielfach an erschöpft, müde. Sie fühlen sich oft geschafft oder sagen, daß etwas sie geschafft hat. Dabei ist „schaffen" ein großartiges Wort, denn es bringt die Schöpferkraft des Menschen zum Ausdruck. Er kann tatsächlich seine Welt gestalten, seine Wirklichkeit formen.

Anstelle von „schaffst du das?" ist die Wendung „Hat es geklappt?" gebräuchlich. Da gibt es ein unbekanntes „es", das eine Klappe bewegt. Sobald genügend Druck aufgebaut ist, bewegt sich die Klappe und öffnet sich. Dann klappt es. Das ist das Bild, das zu dieser Sichtweise gehört. Bei diesem inneren Bild ist es klar, daß die Klappe oft geschlossen ist und eben nur bei einem ausreichenden Druck den Durchfluß ermöglicht. Wenn ein Mensch möchte, daß ihm seine Dinge stetig und leicht und auch entsprechend seinen eigenen Vorstellungen gelingen, dann paßt das nicht zusammen mit dem inneren Bild von der Klappe, die nicht von ihm, sondern von dem unsichtbaren „es" bewegt wird.

Das innere Bild von der eigenen Schöpferkraft setzt Kräfte frei und ebnet den Weg zum Erfolg. Der Satz „Du schaffst das !" oder „Ich schaffe das!" stimmt auf Erfolg ein. Noch mehr Kraft hat der dreigliedrige Satz „Ich kann, ich will, ich schaff das!" In diesem Satz ist eine Dynamik enthalten, die nach vorne drängt.

Ich bringe Kindern diesen Satz bei. Wenn sie ihn sagen oder wenigstens denken, bevor sie sich an eine Aufgabe machen, wird sie ihnen leichter gelingen als mit einer innerlich ablehnenden Einstellung.

Einen weiteren Impuls für den erwünschten Erfolg bringt es, wenn die Kinder gleichzeitig eine Überkreuzbewegung machen. Damit wird die Zusammenarbeit der beiden Gehirnhälften gefördert. Abwechselnd wird das rechte und das linke Bein gehoben und das Knie mit dem abgewinkelten Arm der anderen Körperseite zusammengebracht. Danach geht die Arbeit leichter von der Hand.

Eltern, die selbst so leben und empfinden, sind ihren Kindern ein wertvolles Vorbild. Dann können die Kinder mit diesem Satz und dieser Übung auch mehr anfangen, als wenn sie in ihrer Familie das Gegenteil erleben.

▪ Konzentration kann jedem gelingen

Was ist mit einem Kind, das sich nicht konzentrieren kann?
Die Fähigkeit, sich auf eine Beschäftigung konzentrieren zu können, ist eine wesentliche Voraussetzung für erfolgreiches Lernen. Manchen Kindern gelingt das kaum. Sie lassen alles liegen und stehen, sobald ein neuer Reiz sie erreicht. Er ist einfach da, und das Alte ist vergessen.

In unserer Gesellschaft wachsen die Kinder inmitten einer Flut von Reizen auf und bekommen doch nicht die Reize, die sie für eine gesunde Entwicklung brauchen. Sie brauchen insbesondere viel Gelegenheit, ihren Gleichgewichtssinn und ihren Tastsinn anzuregen. Darüber hinaus müssen sie lernen, auch ihre anderen Sinne differenziert zu gebrauchen, also Gerüche, Geschmäcker, Geräusche und optische Eindrücke bewußt wahrzunehmen und voneinander zu unterscheiden.

Die Natur hat es so angelegt, daß jedes Kind und auch jeder Erwachsene auf diesen Sinneskanälen sich selbst und die Welt kennenlernt und sich so mit der Zeit ein umfassendes Bild schaffen kann. Das ist nur dann möglich, wenn genügend Zeit und Raum da ist, um die Reize bewußt aufzunehmen. Der innere Kompaß des Kindes weiß, welche Beschäftigungen und welche Reize es braucht, damit es den nächsten Entwicklungsschritt nehmen kann. Daher holt es sich intuitiv das Richtige, wenn es wählen kann. Es kann aber nur dann wirklich wählen, wenn keine Reizquellen da sind, die sich ihm einfach aufdrängen und es von seinem Weg ablenken.

Ein Kind, das zu vielen Reizen gleichzeitig oder in kurzer Folge ausgesetzt ist, wird damit überfordert. Es hat keine Zeit, seine Erfahrungen zu verdauen. So kann es sich nicht auf die Beobachtung, die es gerade macht, konzentrieren. Eltern setzen ihre Kinder vielen dieser ungünstigen Reize aus und machen sich dies nicht bewußt. Sie selbst leben so und finden nichts dabei. Das Radio läuft gewohnheitsmäßig als Hintergrundgeräusch, und keiner hört hin. Computerspiele halten selbst schon Kindergartenkinder für Stunden gefangen und reduzieren ihren Handlungsraum auf nur ganz geringfügige Augen- und Handbewegungen. Fernsehsendungen überfordern die Kinder durch schnelle Bildfolgen, angsteinflößende Szenen und karikaturhafte Darstellungen, für die sie noch nicht einmal das Original kennen. Sie bekommen ein Zerrbild dieser Welt. Gerade Kinder, die sich schlecht konzentrieren können, sind schier süchtig nach solchen Filmen. Doch sie schaden ihnen.

Ein Kind, das sich nicht konzentrieren kann, braucht Eltern, die ihm einen Rahmen geben, in dem es vor Reizüberflutung so gut als möglich geschützt ist und wo es sich auf eine Tätigkeit konzentrieren kann. Ein wichtiger Punkt ist die Gestaltung des Kinderzimmers.

Ein Zuviel an Spielsachen überreizt die Kinder

Manche Kinderzimmer sind voll von Spielsachen. Die einzelnen Schachteln liegen im offenen Regal. Davor steht eine Kiste mit weiteren Spielsachen. Auf dem Bett liegen mehrere Stofftiere. Die Zimmer sind dabei meistens nicht groß. Sie sind einfach voll mit Bett, Schrank, Tisch und Stuhl und vielen, vielen Spielsachen.

Jede Spiele-Verpackung ist durch die Hände von Werbefachleuten gegangen, die wissen, wie sie die Aufmerksamkeit auf diese Schachtel ziehen. Es ist für Kinder nicht leicht, sich diesem Reiz zu entziehen.

Es hilft schon, wenn die Spielsachen in einem Schrank aufbewahrt werden oder das offene Regal hinter einem Vorhang verschwinden kann. Kinder, die sich leicht ablenken lassen, leben auf, wenn sie vor dieser Reizflut geschützt werden. So können sie sich mit einem einzelnen Ding beschäftigen und haben die erforderliche Zeit und Muße, die Erfahrung, die sie damit machen, zu integrieren. Nur so ist Lernen möglich.

Wenn noch weitere Spiele die Aufmerksamkeit des Kindes auf sich ziehen, ist das Kind versucht, sein Spiel wegzulegen, wenn es gerade nicht weiterkommt. Es ist aber wichtig, daß das Kind trotz der Schwierigkeit weitermacht, denn nur so kann es sie überwinden und eine geeignete Lösung finden. Der nicht ganz so leicht errungene Erfolg erfüllt es dann auch mit um so größerer Befriedigung. Später wird es auch im Schulalltag eine größere Bereitschaft mitbringen, sich auch dann um eine Lösung zu bemühen, wenn es nicht gleich zurecht kommt.

Kinder lernen es leichter, sich mit einem Spiel zu beschäftigen, wenn sie weniger Spielsachen haben. Dann können sie das einzelne schätzen und in ihm einen Schatz sehen. Sie werden es dann auch wie einen Schatz behandeln.

Als sehr wertvoll habe ich die Spiele und Spielgeräte der Firma Holz Hoerz kennengelernt. Sie fördern das Körpergeschick und die Wahrnehmung und dadurch das Selbstbewußtsein. Bei meinen Seminaren und Vorträgen nehme ich dieses Material mit und gebe den Teilnehmern die Möglichkeit, die wohltuende und erfrischende Wirkung der Spielgeräte selbst auszuprobieren. Ich leihe sie auf Wunsch für einige Tage aus, damit sie die Wirkung dieser Spielgeräte auf die Kinder erleben. Es spricht für sich selbst, dass die Federbretter teils wochenlang unterwegs sind, weil sie von Hand zu Hand gehen. Pädagogen und Eltern sind begeistert. Danach gelingt die Konzentration viel leichter.

Gregor braucht Struktur und Klarheit

Christas Sohn Gregor konnte sich nur schlecht längere Zeit auf eine Sache konzentrieren. Er war damals vier Jahre alt und verwandelte binnen Kürze sein Kinderzimmer in ein Chaos. Inmitten mehrerer geöffneter Spiele wußte er dann bald gar nicht mehr, womit er spielen sollte. Wenn er sich in seinem Zimmer nicht mehr wohl fühlte, ging er in einen anderen Raum. Am leichtesten konnte Christa ihn ruhig bekommen, wenn sie sich mit ihm beschäftigte. Da mußte sie aber dauernd dabei bleiben. Oder sie erlaubte ihm fernzusehen. Für die Zeit, in der er davor saß, ging es dann besser. Da konnte er still sitzen. Danach war er wieder aufgedreht und oft noch unruhiger als vorher.

Als erstes erklärte ich ihr die Zusammenhänge zwischen dem offensichtlichen Mangel an Konzentrationsfähigkeit und einer ausreichenden Anregung mit den Reizen, die ein Kind braucht, um sich gut entwickeln zu können. Danach erklärte ich ihr, daß Kinder gleichzeitig vor einer Überflutung mit störenden Reizen bewahrt werden müssen. Ich nannte ihr Spiele und Beschäftigungen, die ihm mit Sicherheit gut tun. Solche Anregungen habe ich in meinen beiden vorangegangenen Büchern ausführlich beschrieben.

Gregor konnte sich ganz offensichtlich nicht strukturieren und wurde schnell von den auf ihn einströmenden Reizen überflutet. Sein Verhalten war eine verschlüsselte Botschaft an seine Umwelt und insbesondere an seine Eltern. Damit sagte er unbewußt: „Ich kann mich nicht strukturieren. Gebt mir Klarheit, Struktur und Halt!"

Für Gregor ist es also wichtig, daß seine Eltern das tun, was er nicht selbst kann. Er wird leichter seine innere Mitte finden und sich konzentrieren können, wenn seine Eltern ihrerseits in sich ruhen und dementsprechend innere Ruhe ausstrahlen. Alle Kinder spüren es genau, ob ihre Eltern innerlich ruhig oder unruhig sind. Kinder wie Gregor sind in erhöhtem Maß darauf angewiesen, daß sie sich an der inneren Ruhe der Eltern aufrichten können. Sie können nämlich gerade dann, wenn es rings um sie herum hektisch ist, gänzlich aus der Fassung geraten. Ebenso ist es eine Wohltat für sie, wenn die Eltern ruhig sind.

Christa hat in ihrem Alltag ein volles Programm und ist viel beschäftigt. Sie ist halbtags berufstätig und betreut am Nachmittag das Kind und erledigt den Haushalt. Mit der grundlegenden Situation ist Christa nicht allein. Das ist Alltag mit Kindern.

Christa kann an der äußeren Situation und der Menge an Arbeit im Augenblick sicher nur wenig ändern. Wichtig ist es, daß sie bei alledem selbst ihre innere Mitte wahrnimmt und bewahrt. Dann strahlt sie die Ruhe und Klarheit aus, nach der ihr Sohn sich sehnt. Das kommt letztlich ihr selbst zu Gute, weil er sie dann weniger fordert.

Christa war klar, daß es zwischen Eltern und Kind immer eine Wechselwirkung gibt. Wenn sie etwas bei sich ändert, hat das eine Auswirkung auf ihr Kind, und wenn sich beim Kind etwas ändert, dann hat das eine Auswirkung auf sie.

Wenn sie nun möchte, daß ihr Sohn eines nach dem anderen macht und seine Handlungen jeweils zu einem Ende führt, dann muß sie das auch tun. Sie ist ihm damit erstens ein Vorbild und zweitens kann sie dem Prinzip der Wechselwirkung trauen. Sobald sie bei sich selbst darauf Wert legt, daß sie eines nach dem anderen macht, setzt sie damit ein Signal, das eine Wirkung haben wird. Sie erntet, was sie sät.

Christas Aktivitäten beschränken sich nicht nur auf ihre Handlungen. Dazu gehören auch ihre Gedanken. Gedanken streben immer danach, daß sie eine Handlung bewirken.

Ich fragte sie, ob sie sich denn wirklich immer nur auf eine Sache konzentriert und mit all ihren Sinnen und ihrem Denken bei der Sache ist, so wie sie es von ihrem Kind möchte. Sie antwortete: „Nein, natürlich nicht. Das geht ja auch gar nicht. Am Vormittag arbeite ich außer Haus, da geht das noch am besten. Ab dem Mittagessen ist dann alles gleichzeitig. Ich bereite das Essen und stelle dazwischen eine Waschmaschine an. Dann kommt Gregor und möchte etwas von mir. Sie wissen doch, wie das ist. Es kommt dauernd eine Störung von außen."

Es ist klar, daß eine Mutter mehrere Aufgaben hat, die zeitlich ineinander greifen. Wichtig ist dabei, daß sie gleichzeitig mit sich selbst in Kontakt bleibt. Es geht darum, daß sie sich auf das, was sie jeweils tut, mit all ihren Sinnen und Gedanken konzentriert und nicht gleichzeitig an etwas anderes denkt. Das ist eine anspruchsvolle Konzentrationsübung für Christa. Sie lenkt dann ihre ganze Aufmerksamkeit auf das, womit sie sich gerade beschäftigt. Damit wird sie ihre Arbeit schneller und mit weniger Kraftaufwand erledigen können, weil sie ihre Energien klar auf ein Ziel bündelt.

Christa sagte, daß sie insbesondere bei ihren alltäglichen Hausarbeiten davon meilenweit entfernt ist, da sie meistens an irgend etwas anderes denkt. In der Arbeit außer Haus ist das anders, da muß sie sich auf ein Thema konzentrieren. Da erfährt sie weniger Ablenkungen als daheim.

Ich ermunterte sie, gerade bei den alltäglichen Hausarbeiten ihre innere Sammlung zu üben. Da muß sie sich nicht so sehr auf einen Gedankengang konzentrieren, wie dies in ihrem Beruf erforderlich ist. Bei Routinearbeiten sind die meisten Handgriffe so gut eingespielt, daß jeder dabei etwas für sich Neues üben kann: die bewußte Konzentration auf jeden einzelnen Handgriff und auf die Gedanken, die ihm in diesem Augenblick durch den Kopf gehen, und auf die Gefühle, die er empfindet. Das erfordert ein hohes Maß an innerer Sammlung.

Christa wurde nachdenklich. Sie hat sich bei solchen Tätigkeiten noch nie bewußt auf ihre Tätigkeit konzentriert, sie machte sie eher nebenbei und konzentrierte sich auf etwas anderes oder schaute sich nebenbei einen Film an. Sie hatte auch keinen Sinn darin gesehen, sich auf etwas zu konzentrieren, was sie ohnehin kann. Es war ihr egal, wie sich beim Bügeln ein Stoff anfühlt, Hauptsache war ihr, daß er danach glatt war. Sie plante beim Bügeln manchmal den nächsten Tag, ging in Gedanken ihre Erledigungsliste durch oder dachte an ihre Freundin. Sie war in Gedanken räumlich oder zeitlich woanders. Dabei bemerkte sie wohl einige Gedanken, die meisten kamen und gingen aber von selbst. Sie gingen ihr durch den Kopf, und sie dachte sie nicht selbst. Dem hatte sie bislang keine Bedeutung beigemessen.

Der Gedanke, daß sie mehr innere Sammlung und Konzentration ausstrahlt, wenn sie ihre Konzentration auch und gerade bei alltäglichen Dingen übt, leuchtete Christa ein. Sie konnte sich auch vorstellen, daß das einen günstigen Einfluß auf Gregor hat. Sie wollte es schon deshalb versuchen.

Schon beim nächsten Bügeln wollte sie ihre einzelnen Handgriffe benennen und dabei halblaut vor sich hin sprechen. Den Fernseher wollte sie ausgeschaltet lassen. Der würde nur ihre Konzentration stören. Sie stellte sich schon vor, wie sie am Bügelbrett steht und langsam sagt: „Ich bügle einen Ärmel, ich bügle einen Ärmel, ich drehe das Hemd um, ich drehe das Hemd um. Jetzt lege ich das Hemd zusammen. Ich lege das Hemd zusammen. Ich lege das Hemd auf den Tisch. Ich nehme das nächste Hemd." Dann lachte sie: „Ich sehe schon Gregor vor mir stehen, wie er mich verdutzt anschaut und sich genüßlich neben mir über seine Autokiste hermacht." Sie war froh, einen weiteren wichtigen Baustein gefunden zu haben, mit dem sie sich, Gregor und letztlich auch ihrem Mann helfen konnte, der ja auch lieber eine ruhige Atmosphäre daheim hatte.

Christa beobachtete sich in den Tagen und Wochen danach und bemerkte, daß sie in ihren Gedanken sehr oft nicht bei der Sache war, weit häufiger, als sie geglaubt hatte. Seit sie ihren Gedanken mehr Beachtung schenkte, bekam sie mit, wie viele ihrer Gedanken ihr einfach so durch den Kopf schossen. Sie jagten ihr wirklich durch den Kopf. Sie empfand ihr Gehirn wie eine Ratterkiste, die Gedanken abspult und sich weitgehend selbständig gemacht hat.

Da ihr auch klar war, daß sie mit ihren Gedanken ihr Leben planen und gestalten kann, erschreckte sie diese Beobachtung. Sie merkte, daß sie oder genauer gesagt ihr Gehirn sich mit Themen beschäftigte, denen sie in ihrem Leben keinen Raum geben wollte. Diese automatisierten Gedanken bringen ihr keinen Nutzen, da sie keine Lösung ermöglichen, sondern beständig um größere und kleinere Probleme kreisen. Sie wiederholen sich und verfolgen sie noch bis in die Nacht. Dann kann sie nicht abschalten. Sie hat keinen Knopf, mit dem sie ihr Gehirn einfach abschalten kann.

Das einzige, was ihr hilft, ist das bewußte und innerlich gesammelte Beobachten der Gedanken und der Entschluß, von jetzt an selbst zu denken und die Herrschaft über das Gehirn wieder an sich zu nehmen. Indem Christa lernte, sich mit ihrer gesamten Aufmerksamkeit auf die augenblickliche Tätigkeit zu konzentrieren, zähmte sie ihr Gehirn.

Dabei half und hilft ihr, wenn sie das, was sie gerade tut, laut oder halblaut und bewußt benennt. Damit bremste sie die Gedankenflut. Es gelang ihr mit der Zeit immer besser, ihre Gedanken bewußt auf ein Ziel zu lenken. Es passierte ihr immer seltener, daß ihr irgendwelche Gedanken gedankenlos durch den Kopf gingen, die sie nicht selbst denken wollte. Sie konnte unerwünschte Gedanken abbremsen, wenn sie merkte, daß sie sie überfielen.

Sie setzte die Anregungen in die Tat um und lernte, ihre Gedanken zu hüten. Damit wurde sie merklich ruhiger. Sie war nicht mehr so selbstbeherrscht ruhig wie vorher, als ich sie kennengelernt hatte. Sie war einfach in sich ruhiger geworden. Das zeigte sich auch in ihrer Gestik und in ihrer Körperhaltung. Sie strahlte schon nach wenigen Wochen eine deutlich spürbare innere Sammlung aus. Das hatte sich wohltuend geändert. Dennoch wollte sie an dieser inneren Sammlung noch arbeiten. Wenn sie sich nicht bewußt auf ihre Gedanken konzentrierte, machten sie sich noch oft wieder selbständig. Sie wollte, daß auch das aufhört. Das war der nächste Schritt, den sie anstrebte. Einstweilen war sie froh, daß sie ihre Gedanken bemerkte und bei Bedarf bremsen konnte. Das war ein großer Schritt nach vorne.

Auch im Zusammenleben mit Gregor wurde schon manches einfacher. Wenn sie mit ihm allein war, konnte er sich deutlich besser konzentrieren und sich wesentlich länger allein beschäftigen. Sobald andere Personen dazu kamen, wurde er wieder unruhig. Christa wußte, daß sie auf dem richtigen Weg war.

Christa bringt mit ihrem Tun eine Wechselwirkung in Gang. Sie erntet, was sie sät: Konzentration und innere Sammlung. Sie erlebt beglückt und erleichtert die Wirkung.

Praktische Übung:

Beobachten Sie sich im Alltag: Sind Sie immer ganz bei der Sache? Probieren Sie es aus: Geben Sie sich mit Ihrer ganzen Aufmerksamkeit dem Augenblick hin und nehmen Sie ihn bewußt mit all Ihren Sinnen und Gedanken wahr. Das laute Formulieren bremst die Gedankenflut und erleichtert das bewußte Wahrnehmen.

Erlauben Sie sich für diese Übung sechs Wochen lang drei Mal am Tag eine halbe Stunde Zeit. Beobachten Sie, ob Sie selbst ruhiger werden und gleichzeitig mehr schaffen. Gibt es eine Auswirkung Ihrer erhöhten Achtsamkeit auf Ihre Familienangehörigen und Kollegen, auch und gerade, wenn sie von Ihrem Üben nichts wissen?

So wird Lernen noch einfacher

Achtsamkeit ermöglicht effizientes Lernen

Lernen geschieht im Augenblick. Je wacher und bewußter ein Mensch den Augenblick erlebt, desto leichter wird er ihn in seiner Erinnerung behalten und sich jederzeit wieder an ihn erinnern können. Wer mit all seinen Sinnen dabei ist, der lernt am wirksamsten. Seine Beobachtungen und Erfahrungen werden im Gehirn mehrfach gespeichert und über die verschiedenen Sinneseindrücke gut vernetzt. So kann er sich später in unterschiedlichen Situationen leicht an die verschiedenen Augenblicke erinnern, und die entsprechenden Gedanken kommen ihm dann einfach in den Sinn.

Am wirksamsten ist ein achtsames Wahrnehmen von dem, was ist. Sobald eine Beurteilung oder Bewertung dazu kommt, wird die Beobachtung in eine Schublade gesteckt. Das engt spätere Möglichkeiten ein, in denen auf die gemachte Beobachtung dann nicht zugegriffen werden kann, weil sie in einer bestimmten Schublade steckt.

Aus der Erfahrung anderer lernen

Lernen geschieht im Alltag. Aus der Fülle der Erfahrungen wird mit der Zeit ein Schatz an Erfahrungen, aus dem auch andere profitieren können. Niemand muß beim Punkt Null anfangen und alle Erfahrungen selbst machen. Sonst würden wir immer von neuem an den Anfängen der Menschheit beginnen und lernen, aus Steinen Feuer zu schlagen.

Es ist wichtig, daß jeder den Erfahrungsschatz achtet, den er von einem anderen übernehmen darf. Das bedeutet, daß er auch den anderen Menschen achtet, der ihn an seinem Wissen teilhaben läßt. Das Wissen kann durch Erzählungen, das gemeinsame Tun und auch schriftlich in Büchern weitergegeben werden.

Der Respekt vor dem Alter und vor den Älteren ist eine wichtige Voraussetzung dafür. Alle Älteren und Alten haben den Jüngeren einen Vorsprung an Erfahrung und Wissen voraus. Es ist für die Jüngeren, egal ob von der mittleren oder der jungen Generation, immer wertvoll, aus diesem Wissen zu schöpfen. So können sie ihren Blickwinkel erweitern. Das heiß nicht, daß sie alles so machen müssen wie die Älteren. Sie können auch aus ihren Fehlern lernen und bewußt etwas vermeiden, was sie sonst vielleicht getan hätten.

Das geschieht nicht nur bei großen Dingen, sondern auch bei Alltäglichkeiten, die aber dennoch große Folgen haben können. Jedes Kind lernt schon früh, daß eine Herdplatte heiß sein kann und daß es deswegen nicht auf diese Platte fassen darf. Es kann sein, daß es die schmerzliche Erfahrung macht, daß die Berührung der heißen Herdplatte zu einer Brandblase führen kann und wirklich sehr weht tut. Dann lernt es aus dieser Erfahrung und wird noch eine ganze Zeit unter den Folgen zu leiden haben.

Eltern können ihrem Kind diese unangenehme Erfahrung ersparen, wenn sie ihm vorher ihre eigene Erfahrung weitergeben, die sie bereits mit der Herdplatte gemacht haben. Sie werden ihm sagen, daß die Herdplatte heiß sein kann und seine Hand in gebührendem Abstand darüber halten. So kann es die davon aufsteigende Wärme oder Hitze fühlen. Es ist wichtig, daß das Kind diese Information nicht nur hört, sondern daß sie auch bei ihm ankommt und als Wissen verankert wird. Sonst wird es doch noch einmal hinfassen und ausprobieren, ob die Herdplatte wirklich heiß ist.

Am leichtesten können Kinder von ihren Eltern, Großeltern und später ihren Lehrern lernen, wenn sie bei ihren Eltern erleben, daß auch sie sich von anderen etwas sagen und zeigen lassen. Das gelingt nur dann wirklich, wenn sie die Erfahrungen der anderen schätzen und zu würdigen wissen und nicht gleich denken: „So ein Unsinn, das mag früher einmal gestimmt haben, jetzt ist alles anders! Was der schon wieder will, das interessiert mich doch gar nicht."

Solche abweisenden Reaktionen erfahren Großeltern bisweilen, wenn sie ihren Töchtern und Söhnen Tips aus ihrem Leben weitergeben wollen. So ging es auch Mareike, als sie wegen einer nicht enden wollenden Erkältung von ihren beiden jüngeren Kindern schon ganz genervt war. Ihre Mutter gab ihr ungefragt einen Tip: „Das dauert jetzt wirklich schon zu lang, da werden die Kinder ja ganz geschwächt. Du solltest mit ihnen täglich ein ansteigendes Fußbad machen und ihm zwei Eßlöffel Senfmehl aus der Apotheke zufügen. Das habe ich mit euch immer gemacht. So eine nicht enden wollende Erkältung gab es bei mir nicht. Dann habe ich noch Halswickel gemacht."

Ihre Tochter hörte gar nicht richtig hin. Innerlich dachte sie, daß sie diese gut gemeinten Tips aufregen und viel zu umständlich klingen. Außerdem empfand sie die Bemerkung als Vorwurf. Darum sagte sie etwas brüsk: „Ich bin bei einem guten Arzt, und da habe ich auch heute wieder einen Termin mit den Kindern."

Sicher hätte ihre Mutter bei ihrer Tochter eher Gehör gefunden, wenn sie ihr ihre eigene Erfahrung gesagt hätte, ohne ihr zu sagen, „du solltest". Das war aber ihr Sprachgebrauch und zeigt, daß es wichtig ist, wie jemand einen anderen anspricht, damit er sich ihm leichter öffnen kann.

Kinder haben ein feines Gespür dafür, ob ihre Eltern andere Menschen achten. Kinder bekommen genau mit, wie ihre Eltern von ihren ErzieherInnen im Kindergarten, den LehrerInnen und von den Großeltern und anderen Verwandten sprechen. Wenn die Eltern verächtlich von ihnen sprechen, dann machen sie es ihren Kinder schwer oder beinahe unmöglich, aus dem Erfahrungsschatz dieser Menschen zu schöpfen. Das hat weitreichende Auswirkungen auf ihr gesamtes Lernverhalten und engt sie dauerhaft ein.

Die Achtung der Eltern für andere Menschen erleichtert es den Kindern, sich ebenfalls diesen Menschen und ihrem Wissen zu öffnen. Auf diese Weise legen die Eltern bei ihren Kindern den Eckpfeiler für eine Grundhaltung, die den Kindern den Lebensweg ebnet.

In vielen Augenblicken in ihrem Leben werden die Kinder sich viel leichter tun, wenn sie bereit sind, die Älteren zu achten und auf alte Erfahrungen und auf altes Wissen zurückzugreifen. Von dieser stabilen, breiten Basis aus können sie dann ihre eigenen Erfahrungen machen.

Erfahrungen weitergeben

Wer dankbar aus den Erfahrungen anderer schöpft, gibt auch seine Erfahrungen bereitwillig weiter. Das heißt, daß er andere an seinem Wissen und an seinen Erfahrungen teilhaben läßt, sie aber niemandem aufdrängt.

Eltern sind froh, wenn ihre Kinder bereitwillig lernen und interessiert sind. Bei einem gesunden Kind ist der Lerntrieb so stark, daß es neugierig ist und von sich aus vieles erfahren und ausprobieren und auch gezeigt bekommen möchte. Es kommt von selbst und beobachtet einen Erwachsenen bei seiner Arbeit oder fragt, ob es mitmachen darf. Es zeigt einfach Interesse. Da genügt schon ein kleines Signal, und das Kind öffnet sich: „Felix, schau her!" oder „Felix, ich will dir etwas sagen!"

Eine Mutter erzählte mir, daß ihr Kind weder zuhört noch zuschaut, wenn sie ihm etwas beibringen möchte. Sie sagte, daß es regelrecht zumacht. Bei ihrer Darstellung hörte ich immer wieder das Wörtchen „zu". Sie will doch, daß ihr Kind sich öffnet und nicht, daß es zumacht. Vielleicht sagt sie ihm auch noch häufig: „Nun mach schon zu!" Das Kind tut genau das, was die Mutter ihm sagt: Es hört zu (die Ohren sind zu), es schaut zu (die Augen sind zu), und es macht zu. Die Mutter meint es jedoch nicht so, weil sie mit „zu" nicht „zu" meint.

Ich erzählte das einer Lehrerin, die in einer Grundschule unterrichtet. Sie fand diese Beobachtung interessant und beschloß, darauf zu achten, wie sie die Kinder anspricht. Wir probierten miteinander die verschiedenen Ausdrucksweisen und ließen sie auf uns wirken. Wir empfanden „Hör her! Schau her! Paß auf, ich will dir etwas sagen!" als viel wirksamer als die anderen Ausdrucksweisen. Sie bewirken das, was sie erreichen sollen, nämlich die Aufmerksamkeit und die Öffnung.

Alltägliche Herausforderungen meistern lernen

■ **Es geht auch ohne Streit und Zoff**

Julianes Sprache war voll von Streit- und Kampfwörtern
Juliane suchte mich auf, weil sie sich mit ihrem Sohn nicht mehr zu helfen wußte. Er sollte nächstes Jahr in die Schule kommen und war ständig im Streit mit anderen Kindern. Sie beschrieb ihn als reizbar, aufbrausend und ständig konfliktbereit.

Sie fragte mich, ob ich ihr einen Ratschlag geben kann, um ihr und ihrem Sohn in diesem strittigen Punkt helfen zu können. Dann ergänzte sie voller Vertrauen: „Sie können mir ruhig alles sagen, ich bin für alles gerüstet." Die Verzweiflung war ihr ins Gesicht geschrieben. Wir sprachen eine Weile miteinander, und ich bemerkte, daß ihre Sprache voll von Wörtern aus dem Wortfeld des Kampfes und des Streites war. Sie wollte ein Ende der andauernden Konfliktsituationen und war doch selbst voll davon. Ich hatte das Empfinden, daß Juliane nicht bewußt war, wie sie sprach. So konnte sie auch nicht wahrnehmen, welche Wirkung sie mit ihrer Art des Sprechens auf andere und natürlich auch auf ihren Sohn hatte.

Der Sohn zeigte ihr durch sein Benehmen sehr heftig, was sie ausstrahlte. Ich wußte, daß er ruhiger werden wird, wenn in ihrem Denken und Fühlen mehr Frieden einkehrt. Bevor der Frieden bei ihr einziehen kann, muß der Kampf und der Streit aufhören.

Als erstes lenkte ich Julianes Aufmerksamkeit auf ihre

Sprache und griff die drei Streit- und Kampfwörter auf, die sie in ihren ersten Sätzen spontan geäußert hatte. Sie hatte mich um einen Ratschlag für den strittigen Punkt gebeten und gesagt, daß sie für alles gerüstet ist. In dieser Konzentration und Dichte ist diese Wortwahl wirklich bemerkenswert.

Ein Ratschlag ist ein Schlag. Ratschläge sind Schläge und tun weh. Viele Menschen geben Ratschläge und meinen es gut. Sie leben aber nicht in der Situation des anderen und raten daher mehr als daß sie wissen. So raten und schlagen sie, ohne es zu merken. Ich gebe keine Ratschläge mehr und mache auch keine Vorschläge. Sie können wie Schläge vor den Kopf wirken und der andere kann sich leicht vor den Kopf gestoßen fühlen.

Ich erreiche mehr, seit ich Anregungen gebe oder Hinweise oder eine Information. Mit einem Hinweis weise ich auf etwas hin, und mit einer Anregung bringe ich etwas sanft in Bewegung, denn ich erzeuge eine sanfte Schwingung.

Wenn Juliane die Wendung „strittiger Punkt" in ihrem Sprachgebrauch hat, dann sicher nicht nur im Kontext mit dem Verhalten ihres Sohnes, sondern auch in anderen Situationen, wo eine klärende Antwort gesucht wird. Auch dann aktiviert sie unbewußt ihr Konfliktthema. Sie hätte in diesem Zusammenhang diese Wendung einfach weglassen können. Der „strittige Punkt" war ebenso überflüssig wie verräterisch. Er verriet ihre Denkweise.

Noch deutlicher wurde es, als sie sagte, daß sie für alles gerüstet ist, also eine Rüstung trägt. An die Rüstung hat sie dabei sicher nicht gedacht, sonst hätte sie wohl ihre Rüstung abgelegt. Sie wollte im Grunde sagen, daß sie offen ist für jeden Hinweis.

Ich sagte Juliane, daß die Sprache eines Menschen ein Spiegel für seine Denkweise ist und daß die Denkweise letztlich viel zu tun hat mit dem, was ein Mensch in seinem Leben erlebt und wie er damit umgehen kann. Juliane erlebte im Zusammenhang mit ihrem Sohn schmerzlich viel Konfliktbereitschaft und Streit und merkte jetzt, daß sowohl bei ihr als auch bei ihrem Sohn Konflikt da war, nur in unterschiedlichen Formen. Bei ihm handfest und bei ihr in der Sprache. Ihre Sprache prägte ihre Ausstrahlung. Ich nahm an, daß Juliane ihr Streit- und Schlagvokabular häufig in ihrer alltäglichen Sprache benutzt, auch wenn sie nicht von Streitereien und Konflikten spricht.

Wir sammelten miteinander Wörter und Redewendungen aus diesem Wortfeld. Juliane wurde bewußt, wie viele sie davon oft oder sogar sehr oft benützt und was sie in ihrer ursprünglichen Bedeutung aussagen. Sie hatte sich darüber nie Gedanken gemacht:

„Alles ist ein Kampf", „ich muß um alles kämpfen", „gerüstet sein", „entrüstet sein", „strittig sein", „unbestritten", „in einem Thema beschlagen sein", „den Spieß umdrehen", „Stellung beziehen", „Wahlkampf", „Bombenwetter", „bombensicher", „wie eine Bombe einschlagen", „bombig", „unter aller Kanone", „schlagartig", „Schlag auf Schlag", „altes Zeug raus hauen", „einen Schlag weg haben", „kriegen" und „sich breitschlagen lassen".

Am häufigsten benutzte Juliane das Wort „kriegen": „Ich kriege bitte ein Kilo Äpfel, ich kriege heute zu viel, ich kriege tausend Mark, ich kriege ein Buch, du kriegst an Weihnachten ein Auto, ich kriege gleich eine Krise" (die kommt bestimmt). Das Wort „Krieg" ist darin enthalten. Daran hatte Juliane nicht gedacht. Wir wiederholten gemeinsam einige Male „ich kriege Äpfel" und verglichen seine Wirkung mit „ich bekomme Äpfel". „Ich bekomme Äpfel" klingt weicher. Juliane war ganz und gar gegen Krieg. Sie fand es schrecklich, daß gerade sie dauernd davon sprach.

Völlig verdutzt war sie, als ihr klar wurde, was mit Bombenwetter gemeint ist. Sie dachte nur an einen strahlend blauen Sommertag. Dafür muß sie aber nicht von Bomben sprechen. Im Krieg fliegen bei Bombenwetter die Bomber, weil die Sicht gut ist. Sie wollte in Zukunft nur vom strahlenden Wetter sprechen. Mit Bomben wollte sie nichts zu tun haben.

So fanden wir der Reihe nach für die verschiedenen Redewendungen eine andere Ausdrucksweise. Statt „ich muß für alles kämpfen" entschied sie sich für „ich setze mich ein für". Sie muß nicht für alles kämpfen. Es genügt, wenn sie im Augenblick ein einziges Ziel vor Augen hat und da ihre Aufmerksamkeit hineingibt. Das genügt. Mehr kann sie nicht tun, alles andere schadet ihr. So ist es leichter für sie. Gleichzeitig kommt bei dem, was sie tut, mehr heraus, weil sie gesammelter ist und ruhiger ihr Ziel anstrebt. So ist sie effektiver.

Ich gab Juliane die Anregung, daß sie in ihrer Sprache bewußt auf ihre Streit- und Kampfwörter achtet und auf ihre Sprache hört. Sobald sie sich die Wirkung ihrer Sprache bewußt macht, wird ihr das Streit- und Kampfvokabular gegen den Strich gehen. Sie will sich keinen Streit und keinen Kampf schaffen. Sie hört dann auf, diese Wörter auszusprechen und zu denken. Das kommt von selbst, weil das Bedürfnis so groß wird, mit diesem Unsinn, diesem nicht gewollten Sinn, aufzuhören. Er ist einfach schädlich für ihre Lebensplanung.

Juliane fühlte sich erleichtert. Ihr leuchtete der Zusammenhang zwischen ihrer Sprache und ihrem Leben ein. Jetzt wußte sie, was sie tun konnte, um sich und ihrem Sohn zu helfen. Das war der erste große Schritt. Ihre Offenheit ermöglichte es ihr, daß sie in ihrer Sprache eine Kleinigkeit änderte und damit eine Lawine ins Rollen brachte.

Sie konnte die anderen Familienmitglieder annehmen wie sie sind und machte nicht den geringsten Versuch, jemanden ändern zu wollen. Allmählich kehrte daheim Ruhe und Frieden ein. Ihre gewandelte Ausstrahlung hatte diese heilsame Wirkung.

Vorwurf und Rechtfertigung müssen nicht sein

Der Volksmund sagt, zum Streiten braucht es immer zwei. Der Streit kann erst dann richtig in Gang kommen, wenn der eine gegen den anderen ist. Der erste sagt etwas, und der zweite fühlt sich angegriffen. Er wehrt sich, indem er sich rechtfertigt oder dem anderen einen Vorwurf macht. Der andere schießt dann wieder zurück. Das passiert ganz leicht.

Wenn die Streithähne mehr Abstand von sich selbst hätten, dann würden sie erkennen, daß sie ein Spiel spielen, ein Gesellschaftsspiel, das klare Regeln hat und eigenen Gesetzmäßigkeiten gehorcht. Das eine Wort ergibt das nächste. Zurück bleibt eine miese Stimmung.

Da hilft es, wenn der Angegriffene dem Ganzen eine unerwartete Wende und bewußt nicht Kontra gibt. Es bringt schon viel, wenn er dem anderen signalisiert, daß er ihn hört und mit seiner Aufmerksamkeit bei ihm ist. Das kann mit einem einfachen „Ja." geschehen. Das wird nicht lauthals als zustimmendes „Jaa!" ausgesprochen. Dieses Ja ist ein kurzes, freundliches „Ja". Wenn er dabei dem andren ruhig und freundlich in die Augen schaut, kommt das Vorwurf-Spiel gar nicht erst in Gang. Das alte Spiel ist aus.

Mit dem „Ja" und dem bewußten Blickkontakt entsteht eine kurze Pause. In dieser Pause ist genug Zeit für ein oder zwei bewußte Atemzüge. Danach kommt die eigene Antwort. Das wird dann eine Begründung oder eine Klarstellung sein oder auch einfach eine Feststellung, aber eben keine Reaktion auf einen Angriff. Der eine sieht die Dinge so, und der andere sieht sie eben anders. Beide haben recht. Jeder betrachtet die Dinge aus seinem Blickwinkel und auf dem Hintergrund seiner Erfahrungen.

Bei einem Workshop war eine Mutter dabei, die dieses kurze, freundliche „Ja" in ihren Sprachgebrauch aufgenommen hatte. Sie war begeistert von der Wirkung, die sie damit erzielte. Sie erzählte, was sie mit ihren Kindern mit diesem „Ja" erlebt hatte: „Meine beiden, die Maria und der Hermann, hatten sich dauernd in der Wolle gehabt. Es war so schlimm, daß mein Mann gar nicht mehr mit uns gemeinsam aß. Er aß lieber danach allein und in Ruhe. Ich saß allein mit den Kindern am Tisch, und sie zankten sich schon bei der Suppe und beschwerten sich bei mir. Da habe ich einfach gesagt: ‚Ja'. Danach habe ich eine kurze Pause gemacht, und danach habe ich gesagt: ‚Ihr wollt jetzt streiten. Wartet bitte einen Augenblick. Ich gehe erst hinaus.' Dann bin ich aufgestanden und hinausgegangen. Die beiden waren so baff, daß sie mir mit offenem Mund nachschauten. Hinter der geschlossenen Türe hörte ich leises Löffelklappern. Nach einigen Minuten ging ich wieder hinein. Vor der Tür habe ich ein paar Mal bewußt geatmet. Da bin ich ruhiger geworden. Ich fand das schon sehr heftig. Die Wirkung war enorm! Das war noch nicht alles.

Einige Tage danach hatte unsere Tochter eine Freundin bei sich. Mit einem Mal ging der Zank los, und die Freundin beschimpfte Maria. Hermann bekam das mit und sah, wie hilflos seine Schwester war. Da sagte er: ‚Maria, mach es wie die Mama. Sag doch einfach Ja. Du willst jetzt mit mir streiten.' Maria griff den rettenden Strohhalm dankbar auf und sagte einfach diesen Satz und schaute der Freundin dabei in die Augen. Die Freundin konnte damit nichts anfangen, schaute sie verblüfft an und hörte auf zu zanken. Damit war der Streit vorbei, und sie konnten ganz normal miteinander reden."

Wir verstehen uns jetzt mit den Großeltern viel besser!

Bettina hatte bis vor einiger Zeit immer wieder Schwierigkeiten mit ihren Eltern. Sie hatte das Empfinden, daß sie sich in ihre Familie einmischen. Sie hätte wegen der Kinder gern mehr Kontakt mit ihnen gehabt. Es gab aber dauernd Reibereien, so daß sie möglichst wenig mit ihnen zusammenkam. Glücklich war dabei keiner.

Jetzt ging sie die Sache anders an. Sie räumte nicht mehr groß auf, wenn sie kamen, und putzte auch nicht noch einmal schnell die Fenster im Wohnzimmer. Sie setzte ganz auf die Wirkung der drei A und des „Ja". Sie hatte sich fest vorgenommen, sich nicht mehr zu rechtfertigen und die Bemerkungen ihrer Eltern nicht mehr zu bewerten, selbst wenn sie wie Anschuldigungen klangen.

Als es klingelte, war Bettina aufgeregt. Sie atmete dreimal bewußt ein und aus und öffnete dann die Tür. Die Großeltern kamen herein, und sie begrüßte sie herzlich. Die Enkel kamen und freuten sich sichtlich, daß die Großeltern kamen.

„Na, wie schaut's denn hier aus?" sagte der Opa mehr als daß er es fragte. „Ja", sagte Bettina und atmete wieder bewußt ein und aus, „Der Johannes kam gerade vom Fußballspielen heim und hat seine Schuhe hier liegen lassen." Der Opa sagte nur „Aha, dann muß er also noch lernen, wo die hingehören, denn mitten auf den Gang gehören sie ja wohl nicht." Bettina fühlte, wie sie schwitzte, doch sie schaffte es, noch einmal zu atmen und ein kurzes „Ja" zu sagen. „Ja. Vater, das wird er noch lernen. Da bin ich mir ganz sicher!" Sie hat nicht einmal „muß er noch lernen" gesagt. Sie war ganz stolz auf sich. Bettinas Mann war bei diesen Bemerkungen nie so stark angesprungen wie sie. Er traute aber seinen Ohren kaum, als er seine Frau in diesem ruhigen Ton mit ihren Eltern reden hörte. Er fand es natürlich angenehm, wenn sie gelassen bleiben konnte.

Soweit ist alles gut gegangen. Beim Kaffeetrinken war es so gemütlich und friedlich wie schon lange nicht mehr. Sie hatten sich so viel zu erzählen. Dann schaute sich die Mutter um und sah an dem Balkon über sich schadhafte Stellen. Die Farbe blätterte ab, und der Verputz wies einen Riß auf. Sie machte dazu eine Bemerkung: „Vater, siehst du da die Farbe über uns? Das hätten wir nicht so gelassen." Bettina merkte, wie ihr fast der Kragen platzte. Sie sagte nichts und konzentrierte sich auf ihre Atmung. Dann sagte sie: „Ja. – Da geht die Farbe ab, und der Verputz hat einen kleinen Riß. Ich wäre froh, wenn das in Ordnung gebracht wäre."

Nun kam die für Bettina völlig unerwartete Reaktion ihres Vaters: „Ihr Lieben, das kann doch ich machen. Ich weiß, wie das geht. Wenn ihr möchtet, dann mache ich das noch in der nächsten Woche!"

Bettina schaute abwechselnd ihren Vater und ihren Mann an, sprang dann spontan auf und umarmte ihren Vater. Was sie doch für einen Vater hatte! An diese Möglichkeit hatte sie gar nicht gedacht, sie war so lange nur auf Abwehr gewesen. „Ja, bitte mach das für uns!"

Dieses Mal war das Ja ein klares Jaa mit vielen aa.

Die Mutter sagte: „Bettina, du schaust gut aus, Mädchen. Deine neue Frisur kleidet dich gut. Irgend etwas ist bei dir anders geworden. Ich weiß aber nicht, was es ist!" Bettina strahlte. Ihr Einsatz hat sich gelohnt. Die logische Auswirkung dieser so glücklichen Entwicklung finden Bettina und ihr Mann bei ihren Kindern. Auch sie verstehen sich seit einiger Zeit viel besser.

▪ Streß laß nach

Die Kinder genießen? Was glauben Sie, was ich für einen Streß habe!

Der Alltag mit kleinen Kindern ist arbeitsreich und beginnt früh und endet spät. Auch in der Nacht stehen die Eltern auf, wenn die Kinder sie brauchen. Das ist so. Es gibt Phasen, die ruhiger sind und dann wieder solche, in denen die Eltern einfach gefordert sind. Es kommt nun darauf an, wie der einzelne mit dieser Herausforderung umgehen kann und ob er sich noch zusätzliche Belastungen schafft oder aber Erleichterungen gönnt.

121

Es soll immer möglich sein, das Schöne und Beglückende im Blick zu haben, das das Zusammenleben mit Kindern mit sich bringt. Kinder sind ein kostbares Gut. Sie bringen so viel Freude und Lachen in jedes Haus und jede Menge Leben. Dennoch gerät das Beglückende manchmal in den Hintergrund. Die Belastungen überwiegen, und die Eltern können ihre Kinder nicht mehr genießen. Alles erscheint nur noch wie ein großer Berg. Ein großer Anteil von diesem Streß müßte nicht sein. Er ist vermeidbar.

Eltern können sich fast immer Entlastung schaffen. Sie müssen das natürlich auch wollen und bereit sein, etwas von ihren Aufgaben abzugeben und sich selbst etwas Freiraum zu gewähren. Vielfach ist vor lauter Überlastung der Blick verstellt für solche Möglichkeiten.

Und wenn sie eine Situation im Augenblick tatsächlich nicht ändern können, dann können sie ihre Einstellung ändern. Sie haben gewonnen, wenn sie die Dinge und Menschen so nehmen wie sie sind. Dann können sie das Beste daraus machen. Das ist Lebenskunst. Solange sie sich aber innerlich gegen eine Situation wehren und auflehnen, machen sie alles noch unangenehmer.

Streßgeplagte Eltern beschäftigen sich mit ihrem Denken und Fühlen viele Stunden am Tag mit Streß. Ihre Gedanken und Gefühle haben eine Wirkung wie alle anderen Gedanken und Gefühle auch. Der Streß läßt nach, wenn sie innerlich gesammelt und konzentriert der Reihe nach ihre Dinge erledigen und dabei nicht an Streß denken, sondern nur an das, was sie gerade tun. Das ist einleuchtend. Doch wie können sie dahin kommen?

Auch sie haben eine Möglichkeit, augenblicklich Streß abzubauen und sich zu entlasten. Die Sprache greift auch hier. Das Wort Streß ist in aller Munde: „Ich habe immer Streß", „so ein Streß", „ich fühle mich gestreßt", „die stressen die Kinder in der Schule rein", „Weihnachtsstreß", „das war wieder ein stressiger Tag". Streß ohne Ende.

Wenn gestreßte Erwachsenen sagen „Ich stresse mich hinein", dann sagen sie etwas ganz Wahres. Sie stressen sich selbst hinein. Dabei benützen sie einfach eine gängige Redewendung. Jedes Wort hat eine Wirkung, auch wenn es gedankenlos benützt wird und gar nicht so wörtlich gemeint ist. Die Wirkung ist umso stärker, je mehr der Sprecher das fühlt, was er sagt. Eltern, die von ihrem eigenen Streß sprechen, sind immer gefühlsmäßig dabei.

Eltern, die dem Streß viel gedankliche und emotionale Nahrung geben, dürfen sich nicht wundern, wenn der Streß gedeiht und immer mehr wird. Während sie ihn fühlen und von ihm sprechen, legen sie die Saat für den nächsten Streß. So geht Leben. Aus diesem Grund erleben diese Eltern so reichlich Streß. Sie erleben, wie der Lehrer den Kindern Streß macht, sie erleben, daß andere sie stressen, sie empfinden ihre Einkaufstage als stressig und auch den Verkehr auf der Straße.

Wer viel Streß hat und ihn abbauen möchte, der tut gut daran, Streß-Wörter nicht leichtfertig und gedankenlos zu benutzen, sonst kann der Streß gar nicht aufhören. Damit er das kann, muß er erst einmal darauf achten, wie oft er Streß-Wörter benutzt.

Der nächste Schritt kommt dann von alleine. Wer für die Wirkung von Streß-Wörtern sensibilisiert ist, hört auch auf, sie auszusprechen. Er merkt es, wenn er es tut, und läßt es mit der Zeit ganz sein.

Wer konsequent auf seine Sprache achtet, schafft bewußt Streß ab und erlebt dadurch auch immer weniger Streß. Damit ist die positive Spirale in Gang, die Eltern und Kindern Erleichterung bringt. Die grundlegenden Situationen bleiben. Sie werden aber anders gehandhabt. Auch die Kinder gehen dann anders mit ehemaligen Streß-Situationen um. Sie lernen, daß sie das Erforderliche tun und das Unwichtige beiseite lassen. Sie lernen es von ihren Eltern.

Noch ein Gedanke zum Thema Streß: Eltern, die im Dauerstreß leben, bringen ihren Kindern gleichzeitig etwas bei, was ihnen nicht gut tut: Sie lernen das Leben eines Erwachsenen als Dauerstreß kennen. Dieses Leben erscheint den Kindern nicht als erstrebenswert. Da wollen sie nicht erwachsen und selbständig werden.

Björn ist sechs Jahre alt und kommt dieses Jahr in die Schule. Er freut sich schon darauf, denn dann wird er lesen und schreiben können wie die Erwachsenen. Das ist für ihn der größte Anreiz an der Schule: erwachsen werden. Es gibt viele Fragen, auf die er selbst noch keine Antwort weiß. Also fragt er seine Mutter und seinen Vater: „Wie ist das: Kann jeder die Schule besuchen, die er besuchen will? Kann jeder das werden, was er werden will, zum Beispiel Lokführer oder Zahnarzt?" Selten nehmen sich seine Eltern so richtig Zeit für ihn. Die Antworten, die er hört, werfen oft weitere Fragen auf. So ging es ihm bei dieser Antwort auf die Frage mit den Schulen und Berufen: „Björn, schön wär's. Laß uns ein andermal darüber reden." Björn weiß aus Erfahrung, daß solche Ankündigungen oft nicht bewahrheitet werden. Darum hakt er nach: „Wann reden wir dann darüber?" Seine Mutter antwortet: „Jetzt nicht, jetzt paßt es wirklich nicht. Wir müssen weg und haben es gerade eilig!" „Haben es Erwachsene immer eilig?" Diese Frage verhallt unbeantwortet. Björn möchte so gern erwachsen werden. Deshalb freut er sich auf die Schule. Eile findet er nicht gut.

Ich muß die Kinder immer zur Eile ermahnen, sonst kommen wir zu spät

Andrea hatte ein Zeitthema. Sie hatte immer Angst, daß sie zu spät kommt, weil sie mit ihren Arbeiten nicht fertig wird oder ihr im letzten Augenblick mit den Kindern etwas dazwischen kommt. Sie hatte das Empfinden, daß ihr die Zeit davon rennt. Darum kam sie auch bei den Workshops meistens erst in der letzten Sekunde.

Weil sie beständig in Eile war, trieb sie auch die Kinder zur Eile an. Dabei blockierten die Kinder gerade dann, wenn sie ihre Mithilfe besonders brauchte. Wenn sie selbst ruhiger war, machten die Kinder besser mit.

Andrea dünstete förmlich aus jeder Pore Druck und Eile aus. Auch ihre Sprache war voll von solchen Wörtern. Sie war sich dessen nicht bewußt. Darum wollte ich ihr eine Möglichkeit geben, die Wirkung ihrer Sprache zu erleben. Ich sagte ihr das und bat sie, uns zu erzählen, wie bei ihr ein normaler Wochentag aussieht.

Sie begann: „Also morgens um 5.30 klingelt mein Wecker. Da muß ich aufstehen, weil ich meinem Mann das Frühstück machen muß, weil der um 6.30 in der Arbeit sein muß. Dann nutze ich die Zeit und stelle schnell die erste Waschmaschine an und erledige einige Arbeiten im Haus, bis ich um 7 Uhr den Großen wecke. Der muß ja in die Schule. Dafür muß ich meine Arbeit dann unterbrechen. Dann kommt der Kleine dran. Den muß ich um 8.45 in den Kindergarten bringen."

Das ging so weiter bis um 13.00. Dann unterbrach ich sie und fragte die anderen Teilnehmer, wie sie sich bei Andreas Darstellung gefühlt haben. Die erste Reaktion war ein tiefes Luftholen, dann kam das einhellige Empfinden: Wir fühlen uns erschlagen und allein vom Zuhören in Anspannung versetzt.

Andrea war in dieser Gruppe nicht allein mit ihrem Zeitthema. Bernd ging es ähnlich. Er hatte zwei Kindern im Alter von vier und neun Jahren und wollte so gerne mehr Zeit für seine Familie haben. Aber immer warteten irgendwelche Pflichten, so daß er letztlich doch kaum Zeit für sie hatte. Er war immer in Eile und sagte und fühlte das auch häufig. Dabei wehrte er sich innerlich ebenso heftig gegen diesen Druck, den er erlebte, wie Andrea. Er sprach viel von den Pflichten, die auf ihm lasten und denen er unterworfen ist und von seinen Verpflichtungen, denen er gewissenhaft nachkommen muß. Er fand keine Zeit für das, was ihm sonst noch am Herzen lag. Er mußte so viele andere Dinge tun. Er fühlte sich insgesamt sehr belastet und unter Druck. Er zeigte das auch in seiner gedrückten Körperhaltung.

Andrea und Bernd haben eine Sprache, mit der sie sich genau das in ihr Leben einladen, was sie nicht erleben wollen: Zeitdruck, Eile, Lasten und Pflichten, die andere ihnen auferlegen. Sie ernten, was sie säen.

Wir sammelten miteinander weitere Wörter und Redewendungen, die für Menschen mit einem Zeitthema typisch sind: „Immer in Eile sein", „nie Zeit haben", „immer viel um die Ohren haben", „Hektik", „etwas auf die Schnelle machen", „auf den letzten Drücker", „schnell noch", „mal eben", „rennen", „flitzen", „nie zur Ruhe kommen", „nach der Uhr leben", „unter Termindruck stehen".

Auch Andrea und Bernd benützten einige dieser Wörter häufig und vielfach gewohnheitsmäßig. Das ist Wortmüll und kein Wortschatz.

Sie müssen nicht! Sie denken, daß sie müssen!

Andreas Sprache ist gespickt voll von „müssen". Dadurch macht sie sich selbst glauben, daß sie so viele Dinge tun muß. Sobald sie den gleichen Bericht ohne „muß" spricht, öffnet sie sich für eine neue Perspektive. Andere Lösungsmöglichkeiten tauchen auf einmal auf. Andrea probierte es.

Als sie sich den Vormittag noch einmal vorstellte, sagte sie jeden einzelnen Programmpunkt als Feststellung, ohne „muß". Dabei erkannte sie mögliche Freiräume. Sie sah, daß sie sich freiwillig für eine Arbeit entscheiden kann, ganz einfach weil es ihr lieber war, daß sie sie jetzt tut als wenn sie alles zusammen kommen läßt.

Damit öffnete sie sich die Möglichkeit der Wahl. Ihr wurde bewußt, daß sie ihrem Mann bereitwillig das Frühstück macht, weil sie weiß, daß er morgens schwerer aus den Federn kommt als sie und sie es einfach gerne für ihn tut.

„Hm," sagte sie, „Wenn ich einmal länger schlafen will, dann kann ich ihm das ja sagen, dann macht er sich eben selber seinen Kaffee und nimmt es nicht als selbstverständlich, daß ich es für ihn tue. Ja, das fühlt sich gut an."

Einen weiteren Freiraum spürte sie beim Kindergarten auf. Das wurde ihr möglich, weil sie jetzt nicht „Ich muß den Kleinen in den Kindergarten bringen" sagte, sondern „Um 8.45 bringe ich den Kleinen in den Kindergarten." Auf einmal schaute sie auf und strahlte: „Mann, an meine Nachbarin habe ich gar nicht gedacht. Die geht jeden Morgen um die Zeit mit ihrem Sohn los. Die frage ich, ob sie meinen Jungen auch mitnimmt. Wir können uns ja auch abwechseln!" Sie konnte gar nicht begreifen, daß sie nicht früher auf diesen Gedanken gekommen ist. Durch ihr „muß"-Programm war sie wie vernagelt.

Bei Bernd äußerte sich der Druck anders als bei Andrea. Darum gab er ihm auch in der Sprache einen anderen Ausdruck. Mit der Formulierung „ich stehe unter Druck" gibt er einer äußeren Macht, die von oben auf ihn Druck ausübt, Gewalt über sich. Er ist darunter, er ist unter dem Druck. Selbst wenn er an der Situation im Moment nichts ändern kann, so werden sich mit der Zeit die äußeren Umstände in seinem Sinne ändern, sobald er konsequent seine Denkweise ändert.

Bernd wird freier, wenn er statt „Ich stehe unter Druck" sagt und fühlt: „Ich habe bis heute um 20 Uhr noch sechs Briefe zu schreiben." Wenn er die Dinge so sehen kann wie sie sind, dann arbeitet er konzentriert einen Brief nach dem anderen weg. Schneller geht es ohnehin nicht.

Ebenso unterwirft sich Bernd einer äußeren Macht, wenn er sagt „Ich bin einer Pflicht unterworfen". Dann liegt er ja schon auf dem Boden und kann sich nicht mehr auf den Beinen halten. Er könnte auch sagen: „Ich habe eine Aufgabe angenommen." Er hätte sie auch ablehnen können mit all den damit zusammenhängenden Konsequenzen. Diese Wahlfreiheit hat jeder. Wenn er die Konsequenzen nicht erleben möchte, dann wird er sich freiwillig und bewußt für die Aufgabe entscheiden. Er nimmt sie dann an, und niemand bestimmt über ihn. Die Selbstbestimmung, die sich daraus ergibt, macht frei und setzt Kräfte frei. Bernd wird letztlich mehr erledigen als vorher und das in kürzerer Zeit. So funktioniert Leben. Das muß er erst erleben, bis er es glauben kann.

Bis jetzt hatte Bernd sich innerlich gegen die Pflichten gewehrt und dadurch Druck gemacht. Druck erzeugt Gegendruck. Das gilt nicht nur in der Physik, sondern auch im Leben. Es bringt nichts, sich gegen etwas zu wehren. Indem ein Mensch beständig seine Aufmerksamkeit auf das lenkt, was er nicht haben will, gibt er ja genau da seine Energie hinein und erhält es dadurch aufrecht und mehrt es sogar noch.

Der erlösende Schlüssel für mißliche Situationen ist das innere Annehmen und die Bereitschaft, „ja" zu sagen und aus der Situation zu lernen: „Ja, so ist es. Ohne eine Bewertung hinten nach zu schieben. Jetzt habe ich eine Erfahrung gemacht." In diesem Augenblick ist die Wende möglich. Das innere Annehmen kann nicht ausgelassen werden. Es ist die Grundbedingung für die Weiterentwicklung in der erwünschten Richtung.

Jedes Mal, wenn Mütter und Väter, die wie Andrea und Bernd unter einem äußeren Druck stehen, ein entsprechendes Vokabular benutzen, schaffen sie sich neuen Druck. Diese Wörter sind bei ihnen mit all dem Druck gespeichert, den sie in solchen Situationen erlebt haben. Diese Speicherung wirkt und erzeugt Wirklichkeit.

Ich muß jetzt leider weiter!

Das „muß" wird sehr oft und gewohnheitsmäßig aus falsch verstandener Höflichkeit benützt. Auch wenn es „nur" als Floskel benutzt wird, wirkt es und erzeugt Druck, nicht viel, in der Summe aber doch deutlich spürbar. Dabei merken diejenigen, die „muß" in dieser Weise gebrauchen, meistens gar nicht, daß sie es tun.

Auch hier ist es eine Alltagssituation, die den gewohnheitsmäßigen Gebrauch von „muß" zeigt. Folgendes Beispiel vom Beginn eines Familienausflugs zu den Großeltern zeigt dies: Die Eltern haben ihre Kinder schon ins Auto gesetzt und sich für den Besuch bei den Großeltern bereit gemacht. Sie wollen einsteigen und abfahren.

In diesem Augenblick kommt ein Nachbar aus dem Haus und möchte mit ihnen ein nachbarschaftliches Schwätzchen halten. Es ist klar, daß sie in diesem Augenblick nicht die Muße dafür haben und abfahren wollen. Jetzt ist es interessant, wie sie auf die Einladung des Nachbarn, mit ihm zu plaudern, reagieren und wie sie es ihm sagen, daß sie jetzt abfahren wollen. Es sind immer Kleinigkeiten und alltägliche Situationen, in denen sich der wahre Kern eines Menschen zeigt und seine Denkweise offenkundig wird.

Wie selbstverständlich sagt die Mutter: „Lieber Peter, das paßt jetzt gar nicht. Wir müssen jetzt leider weg!" Der Vater entschuldigt sich und sagt auch etwas von müssen: „Wir sind schon spät dran. Wir müssen uns jetzt schicken."

Die Kinder übernehmen den Sprachgebrauch ihrer Eltern. Je mehr Streßsituationen sie erleben, in denen sie dieses Wort benützen, desto häufiger speichern auch sie mit dem Wort „muß" unangenehmen Streß ein. So beginnt der Kreislauf von „Mußsagen", Druckerzeugen und Druckerleben von neuem. Der Druck, den sie machen, werden sie selbst erleben. Die Saat geht bestimmt auf. Das kann kurz oder lang dauern. Bis es soweit ist, haben sie wahrscheinlich vergessen, daß sie Druck gemacht haben. So erkennen sie den Zusammenhang nicht. Es ist gut zu wissen, daß es diesen Zusammenhang zwischen dem eigenen Denken, Fühlen und Sprechen und dem Erleben gibt.

Manche Menschen finden die Vorstellung erschreckend, daß sie in Zukunft ohne die bequeme Begründung „Ich muß jetzt leider weg!" leben sollen. Darum geht es aber nicht. Sie dürfen sie weiter benutzten. Es geht nur darum, daß sie sich der Auswirkung ihrer Sprache bewußt sind. Dann kann jeder für sich entscheiden, ob ihm die Bequemlichkeit der Floskel den Preis wert ist.

Die Wendung „Ich muß leider weiter!" ist nicht immer ehrlich. Manche Menschen sind froh um eine gute Ausrede, damit sie das Geschwätz des anderen nicht über sich ergehen lassen müssen. Es geht auch ohne „muß". Wenn Eltern sich besser spüren und ihre Bedürfnisse wahrnehmen, dann werden sie auch nichts mehr tun, was ihnen unangenehm ist und was sie nicht freiwillig auf sich nehmen. Die Eltern aus dem eben genannten Beispiel möchten wegfahren, sie müssen nicht wegfahren. Und ich wünsche ihnen und den Großeltern, daß sie nicht „leider" zu Oma und Opa fahren, sondern gerne.

Die Pseudo-Höflichkeit des „muß" kann leicht durch eine ehrliche, offene und von Herzen kommende Aussage ersetzt werden. Das könnte dann so klingen: „Lieber Peter, wir fahren jetzt gerade los. Die Großeltern erwarten uns schon. Laß uns morgen miteinander reden." So achten sie den Nachbarn und achten gleichzeitig ihre eigenen Bedürfnisse. Und sie schaffen sich nicht gleichzeitig auf eine völlig überflüssige Weise neuen Druck.

Ich habe immer noch einen vollen Tag, aber alles geht viel leichter

Die Erleichterung war Veronika deutlich anzusehen. Die Mutter von vierjährigen Zwillingen und einem fast sechsjährigen Sohn wirkte viel ruhiger als acht Wochen vorher, als ich sie das erste Mal beim Workshop gesehen hatte. Der Blick war ruhiger geworden, und sie saß gelöst in der Runde. Sie konnte den freien Tag genießen und machte sich keine Gedanken darum, ob ihr Mann wohl allein mit den Kindern klar kam. Diese Gedanken hatten sie bis vor kurzem ständig begleitet, wenn sie die Familie zurückließ.

Sie war nicht nur ruhiger, sie war auch schöner geworden. Sie blühte ganz offensichtlich auf. Ich fragte sie, womit sie diese wohltuende Wandlung bewirkt hat. Da lächelte sie und begann zu erzählen: „Ich sage jetzt viel häufiger ‚ich'. Das war am Anfang ganz ungewohnt. Da habe ich erst gemerkt, wie oft ich ‚man' gesagt habe, wenn ich von mir redete. Und dann habe ich begriffen, was es heißt, daß ich mir meine Dinge selber schaffe, indem ich von ihnen rede. Das ist super, weil das wirklich funktioniert, genau so, wie ich es hier kennengelernt habe. Ich habe noch etwas gemacht. Ich habe jeden Tag drei Mal einige Minuten lang die Freiraum-Übung gemacht. Die hat mir wirklich sehr gut getan.

Am schlimmsten war für mich der Streß gewesen und der andauernde Zeitdruck. Ich war ganz erschrocken, als ich merkte, wie oft ich Streß und stressig und solche Wörter gesagt habe. Ich benütze diese Wörter jetzt nicht mehr. Wenn ich etwas sagen will, dann mache ich mir klar, was ich wirklich sagen will und vor allem, was ich damit erreichen will. Wenn ich bis vor einigen Wochen sagte: ‚Ich bin gestreßt' so sage ich jetzt ‚Ich habe heute fünf Termine. Das ist mir zu viel.' Und seit ich das so sage, merke ich, was ich mir da antue und sage einen ab. Ich erlaube mir zumindest diese Möglichkeit und fühle mich schon damit viel freier. Ich mache die Erfahrung, daß mir niemand deswegen böse ist. Das ist so eine große Erleichterung. Meine Tage sind immer noch voll, aber alles geht viel leichter. Und die Kinder sind dabei auch viel ruhiger geworden.

Das Ganze hat auch Auswirkungen auf die Gespräche mit meinen Freundinnen. Früher haben wir uns gegenseitig unseren Streß erzählt und über andere Leute geredet und wie wir das finden, was die anderen machen, obwohl es uns nichts angeht. Das mache ich jetzt gar nicht mehr. Wir haben jetzt andere Gesprächsthemen. Damit fühlen wir uns alle besser."

Veronika ist es gelungen, aus dem alten Trott herauszukommen. Sie hat damit begonnen, ihr Leben selbst zu gestalten. Das sind die ersten Schritte vom Lebenstraum zum Traumleben.

Praktische Übung
Wie klingt es bei Ihnen, wenn Sie Ihren nächsten Tag beschreiben? Welche Wörter benützen Sie? Machen Sie diese Übung zusammen mit einem Partner. Bitten Sie ihn oder sie, daß er/sie typische Streßwörter notiert, die er/sie bei Ihnen hört.

Schauen Sie sich danach die Liste Ihrer Wörter an. Gibt es einen Zusammenhang zwischen Ihrer Sprache und dem, was Sie erleben?

■ Der achtsame Umgang mit Sorgen und Problemen

Der leichtfertige Umgang mit dem Wort Problem

Das Wort Problem geht vielen Menschen leicht über die Lippen. Sie benutzen es in allen möglichen Situationen, in denen es kein Problem gibt, um zu sagen, daß es kein Problem gibt. Doch dann müßten sie auch gar nicht davon sprechen. Tatsächlich geht es ihnen oft um ganz unwichtige Kleinigkeiten, die für sie eben kein Problem darstellen.

„Kein Problem" kann die Antwort sein auf die Frage: „Hast du einen Parkplatz in der Nähe gefunden?" und heißt dann so etwas wie „Ja!" Es kann auch „Gut!" bedeuten und eine Antwort sein auf die Frage: „Wie gefällt es deiner Tochter im Kindergarten?" Bei keiner der genannten Antworten ist der Gebrauch des Wortes Problem sinnvoll oder gar erforderlich.

Dabei spielt es keine Rolle, ob jemand von einem kleinen Problem spricht oder davon, daß eine bestimmte Kleinigkeit für ihn kein Problem darstellt. Im Unterbewußten kommt nur das Wort Problem an und die Emotion, die derjenige gerade hat. Früher oder später erlebt er das gleiche in abgewandelter Form, eben als irgendein anderes kleines Problem.

Das Unterbewußtsein kann mit Verneinungen nichts anfangen. Egal ob es heißt: „Unproblematisch", „kein Problem", „nicht problematisch", das tragende Wort ist immer das Wort „Problem". Das Unterbewußtsein arbeitet wie ein Computer. Es nimmt die Daten auf und bearbeitet sie. Es überwacht nicht die korrekte Eingabe. Jeder Mensch ist selbst für die optimale Programmierung und Speicherung verantwortlich. Eine Mutter, die mit Freude ihr drittes Kind heranwachsen sieht, kann sagen: „Tobias entwickelt sich gut, alles ist in bester Ordnung!" oder „Tobias ist völlig unproblematisch. Es gibt keinerlei Schwierigkeiten." Obwohl beide Aussagen das gleiche meinen, ist ihre Wirkung doch unterschiedlich.

Das gleiche gilt auch für ironische Bemerkungen. Unser Unterbewußtsein bewertet und interpretiert unsere Aussagen nicht. Es bearbeitet ironische Bemerkungen als ganz normale Aussagen. Die Wirkung von dem Ausruf „Na toll!" ist zweischneidig. Jedes Wort hat eine Wirkung und auch jede Emotion. So lädt sich der ironische Sprecher noch mehr Situationen in sein Leben ein, in denen er dann entrüstet sagen wird: „Na, toll!" Er will es so. Das ist toll. Durch seine doppelsinnige Aussage hat er seinem Unterbewußtsein einen unsinnigen Auftrag gegeben. Das Unterbewußtsein trägt dem ironischen Unterton keine Rechnung. Aussage ist Aussage.

Ironische Bemerkungen werden oft gemacht, wenn ein Problem besteht und nicht offen angesprochen wird. Manche sagen, wenn ihnen etwas Unangenehmes passiert ist, mit dem sie nicht fertig werden: „Das habe ich immer gern, wenn mein Chef noch kurz vor Arbeitsschluß kommt und mir etwas Dringendes auf den Schreibtisch legt". Sie weichen der Problemlösung aus und geben noch ein Tüpfelchen oben drauf, indem sie ihrem Unterbewußtsein vormachen, daß sie genau das gern haben. So kann die mißliche Situation nicht aufhören.

Jedes Wort wirkt, und zwar genauso, wie es für die damit gespeicherten Emotionen paßt.

Menschen, die bei vielen Kleinigkeiten von Problemen oder eben von nicht-Problemen sprechen, haben auch in ihrem Leben immer wieder zahlreiche kleine Probleme, die einfach lästig sind, aber nicht bedrückend. Diejenigen, die viel von großen, schwerwiegenden Problemen sprechen, stehen auch in ihrem Leben immer wieder neu vor schwerwiegenden Problemen.

Je ausgeprägter die emotionale Erinnerung ist, die ein Mensch mit diesem Wort gespeichert hat, desto stärker ist die Wirkung. Darum sollten gerade solche Menschen, die vielerlei Probleme mit sich herumschleppen und darunter leiden, das Wort Problem und andere Problem-Wörter nur sehr bewußt benutzen, wenn sie wirklich von einem Problem sprechen wollen.

Es ist nur dann sinnvoll, von einem Problem zu sprechen, wenn sie von Anfang an eine Klärung oder Erleichterung der Situation suchen. Dann ist die Aufmerksamkeit auf die erhoffte Problemlösung gelenkt, das ist konstruktiv. Sobald ein Lösungsansatz gefunden ist, sind konkrete Schritte gefragt, um die Idee in die Tat umzusetzen. Es ist dann weder erforderlich noch nützlich, weiterhin über das Problem zu sprechen. Das behindert die günstige Weiterentwicklung oder läuft ihr sogar direkt entgegen.

Genau das tun aber viele Menschen. Manche benutzen ein Problem als Gesprächsthema und haben keine Lösung des Problems im Sinn. Sie suchen einfach ein gemeinsames Thema. „Weißt du schon, daß die Frau X einfach das und das erlebt hat. Das ist wirklich schlimm!" Dann wird das Problem in bunten Farben ausgemalt, und jeder gibt seinen Kommentar dazu, für nichts und wieder nichts. Niemand hat auch nur die geringste Absicht, ihr konkret zu helfen und miteinander sinnvolle Schritte zu planen. Solche Gespräche tun niemandem gut, sie schaden nur.

Genauso ist es, wenn jemand bei einem anderen sein Herz ausschüttet und sein Problem bei einem anderen ablädt. Er fühlt sich dann vorübergehend besser. Dafür geht es dem anderen dann nicht gut. Das setzt natürlich voraus, daß der andere das Problem des anderen bei sich auflädt und zu seinem Problem macht.

Wenn Menschen miteinander Probleme besprechen, holen sie gemeinsam Emotionen hoch, fühlen sie neu und speichern sie wieder neu ein. Damit bringen sie einen Kreislauf in Gang, der nicht von selbst aufhört. Jedesmal, wenn sie wieder davon reden und wiederum neu fühlen, gehen sie in die nächste Runde. Manchen Menschen stellen sich sogar die Probleme anderer vor und malen sich aus, wie es ihnen selbst in einer solchen Situation erginge. So aktivieren sie bei sich selbst das Thema und laden es in ihr eigenes Leben ein. Die Folge sind immer mehr Probleme im Leben von beiden Gesprächspartnern. So erleben sie früher oder später in Variante den gleichen Müll, den sie bei solchen Gesprächen aufnehmen. Darum sollte ein Problem nie ohne Sinn und Zweck zum Thema erhoben werden.

Probleme lassen sich viel leichter lösen, wenn sie nicht als Probleme, sondern als schwierige Situationen gesehen werden. Es eine Frage der Sichtweise, ob ein Problem ein Problem ist oder nicht. Das größte Problem am Problem ist, daß es als solches angesehen wird. Ein Problem belastet und bedrückt. Es wiegt schwer. Wenn jemand von seinen Problemen spricht, dann nimmt er auch eine Körperhaltung ein und macht ein Gesicht, daß der Angesprochene bald angesteckt wird und auch eine problembeladene Miene macht. In den Erzählpausen wird gestöhnt und schwer durch die Nase geatmet.

Ganz anders fühlt sich ein Mensch, wenn er seine Schwierigkeiten als Herausforderungen ansieht, denen er sich stellt. Indem er sich ihnen stellt, steht er bereits aufrecht oder richtet sich noch zur vollen Größe auf. Das Wortbild, das dahinter steht, ist ein ganz anderes. Es ist viel kraftvoller. Anita hatte Gäste für ihren Geburtstag eingeladen, und sie hatte dafür ein Buffet vorbereitet, Getränke bereitgestellt und schön dekoriert. Im Laufe des Abends kamen unerwartet Bekannte und wollten ihr gratulieren. Sie standen mit einem Geschenk und einer dicken Flasche Sekt in der Tür. Was tun? Sie wegschicken und sagen, daß es gerade nicht paßt, weil alle Sitzgelegenheiten besetzt sind und das Buffet nicht für sie auch noch reicht?

Sie könnte sagen: „Oh, jetzt habe ich ein Problem!" und in erster Linie die Schwierigkeiten betrachten, mit denen sie sich jetzt konfrontiert sieht. Dann werden sich die ungebetenen Gäste als störend empfinden, und ein peinliches Gefühl wird in ihnen und in Anita aufsteigen. Dabei wird Anita vermutlich ihren einen Zeigefinger fragend an den Mund legen und den Kopf etwas senken.

Auch wird sie die Schultern etwas nach vorne nehmen, den Rücken minimal beugen und unbewußt eine Schutzhaltung einnehmen.

Sie könnte die unerwartete Situation auch als eine Herausforderung betrachten und sich ihr stellen. Dann könnte sie ihren ehrlichen Gefühlen Ausdruck geben und sagen: „Oh, was für eine Überraschung! Ich habe nicht mit euch gerechnet! Kommt rein, ihr seid herzlich willkommen. Ihr seht, wir feiern schon!" oder ihnen genauso ehrlich sagen, daß das Haus voll ist, sie aber gerne zum Anstoßen dableiben können. So stellt sie sich der Herausforderung. Sie braucht dann keine Schutzhaltung einzunehmen. Sie wird im Gegenteil ihren Kopf etwas heben und sich aufrichten. Da sie auch innerlich aufrecht und ehrlich ist, kommt das von selbst. Dann wird sie nach einer Lösung Ausschau halten. Sie könnte einen Pizzaservice anrufen und weiteres Essen bestellen oder eine andere Möglichkeit finden. Wer bereit ist, Herausforderungen anzunehmen, entwickelt Spontaneität und Klarheit.

Anita wird mit der Sichtweise „Herausforderung" leichter eine befriedigende Lösung finden als mit der Sichtweise „Problem".

Die Eltern können den Sorgen den Nährboden entziehen

Manche Eltern haben mehr Sorgen als andere Eltern, gesundheitliche Sorgen, finanzielle Sorgen, schulische Sorgen. An der augenblicklichen Situationen können sie meistens nicht sofort etwas ändern. Aber sie können sofort an der Art und Weise etwas ändern, mit der sie Sorgen betrachten und mit Sorgen umgehen. Hier können sie sich Erleichterung schaffen. Das hat mit der Zeit eine wohltuende Auswirkung auf ihre Lebenssituation.

Es gibt zahlreiche Redewendungen und Wörter, die für die Sprache von sorgenbeladenen Menschen typisch sind. Sie haben viele Sorgen, und auch in ihrer Sprache sind die

Sorgen vielfach dabei. Sie benutzen Sorge-Wörter auch, wenn sie nicht von Sorgen sprechen, sondern ganz einfach von alltäglichen Dingen, beispielsweise vom Einkaufen.

Herbert war ein Musterbeispiel dafür. Er hatte mit seinen drei kleinen Kindern schon manche große gesundheitliche Sorge erlebt. Eines der Kinder war sehr viel krank gewesen. Er und seine Frau kümmerten sich daher besonders viel um dieses eine Kind, wie er sagte. Auch bei den anderen gab es immer wieder einen Anlaß für Kummer und Sorgen, auch mit der Schule.

Herbert hatte nicht nur Kummer, er kümmerte selbst. All der Kummer, den er schon erlebt hatte, wurde jedesmal neu aktiviert, wenn er das Wort „Kummer" benutzte oder andere Wörter mit dem Grundwort Kummer.

Es gibt einige davon: Jemand ist bekümmert, jemand kümmert sich um einen anderen oder um eine Aufgabe, eine Pflanze kümmert, eine kümmerliche Stimme, ein kümmerliches Ergebnis, kummervoll.

Auch wenn das Wort „Kummer" nicht im wörtlichen Sinn gemeint ist, wirkt die Emotion, die im Zusammenhang mit diesem Wort gespeichert ist. Darum war es für Herbert wichtig, diesen unbewußten Sprachgebrauch aufzudecken und mit dieser tausendfachen Einladung für noch mehr Kummer und Sorgen endgültig aufzuhören.

Am häufigsten sagte er „sich um etwas kümmern" und „sich um jemanden kümmern". Es war faszinierend zu beobachten, wie er in sich zusammensank, als er davon erzählte, daß sich seine Frau täglich rührend um die Kinder kümmert. Er machte einen richtigen Kummerrücken.

Gemeinsam mit ihm suchte ich eine andere Ausdrucksweise. Er dachte eine Weile nach und hatte dann eine Variante gefunden, mit der er sich sehr viel kraftvoller und wohler fühlte: „Meine Frau ist am Nachmittag für die Kinder da."

Er wiederholte diesen neuen Satz mehrere Male. Sein Rücken war gerader, seine Muskelspannung kräftiger und seine Mimik strahlender und offener. Herbert staunte selbst, als er diese Änderung an sich beobachtete, die er mit einem einzigen Satz bewirkt hatte.

Dann erzählte er, daß er sich jedes Jahr ein Kulturwochenende mit seiner Frau gönnt. Bislang hat sich immer die Oma um die Kinder gekümmert. Jetzt wollte Herbert das nicht mehr so sehen und sagen. Nun legte er die Betonung auf die Treue, mit der die Oma für ihre Enkel da ist. „Ja," sagte er, „jetzt hab ich's: Die Oma betreut unsere Kinder!" Dabei lachte er breit, und seine Zähne glänzten.

In ähnlicher Weise schrieben wir eine ganze Reihe von Sorge-Wörtern auf, in denen der wörtliche Inhalt nicht bewußt gemeint ist: Den Hund und die Blumen versorgen, beim Metzger 250 Gramm Hackfleisch besorgen, eine Vorsorgeuntersuchung wahrnehmen, fürsorglich sein, einen Menschen umsorgen, die Wäsche sorgfältig zusammenlegen.

Die meisten dieser Redewendungen konnten wir leicht ersetzen durch eine genauere Benennung dessen, was gemeint ist, oder einfach durch ein anderes Wort, das die gleiche Bedeutung hat. Durch die bewußte Wortwahl wird die Sprache und damit auch die Handlungsweise wesentlich genauer und bewußter. Das fördert die Entwicklung einer selbstbewußten, zielstrebigen Persönlichkeit.

„Versorgen" kann vielerlei bedeuten. Der Satz „den Hund versorgen" kann bedeuten „den Hund füttern" oder auch „seine Pfote verbinden". Im Zusammenhang mit Blumen kann es gießen, düngen oder umtopfen meinen. So gewinnt die Sprache an Klarheit. Gleichzeitig wird das Wort „Sorge" umgangen. Statt Vorsorgeuntersuchung notierten wir Gesundheits-Check-up. Vorsorge heißt vor der Sorge. Herbert wollte sich nicht mehr vor der Sorge sehen, er war schon oft genug mittendrin. Wenn er jetzt von seiner Frau sprach, dann wollte er nicht mehr das Wort fürsorglich benutzen. Er beschrieb sie lieber als eine liebevolle, achtsame Frau.

Wenn Herbert heute von seinen Sorgen und seinem Kummer sprechen möchte, dann tut er das auch weiterhin und benennt sie auch als Kummer und Sorgen. Und das ist gut so. Er tut es bewußt und weiß, was er sagt und tut. Er redet von den Dingen, für die er eine Lösung sucht. So geht er mit Situationen, die für ihn bislang ein Anlaß zum Grübeln und Sorgen waren, anders um. Er macht sich keine Sorgen mehr: Er macht sie sich nicht mehr, er hat sie manchmal noch. Herbert hat bewußt aufgehört zu grübeln. Er erlaubt es sich nicht mehr, weil er weiß, was er damit anrichtet. Er will sich nicht selbst eine Grube graben und abwärts sinken. Sein Weg führt entschlossen nach vorne, und am bestens aufwärts.

Mit dem unbewußten Sprachgebrauch hat Herbert gänzlich aufgehört. Damit hat er sich und seiner Familie eine heilsame Wende ermöglicht. Er erlebt noch immer schwierige Situationen und Herausforderungen. Sie sind nicht mehr so dramatisch und sind viel seltener geworden. Er kann sie jetzt annehmen und bewußt meistern und weiß, daß er sehr wohl Einfluß auf sein Schicksal nehmen kann.

In dieser Zeit änderte sich seine Körperhaltung. Sein Rücken ist gerader geworden, und er hat abgenommen. Ihm ist die Erleichterung von den Augen abzulesen. Das alles färbte auf seine Frau und auf seine Kinder ab.

Es ist immer so, daß die Kinder in ihrer Entwicklung einen Schritt nach vorne machen, wenn die Eltern oder wenigstens ein Elternteil vorher einen Schritt nach vorne gemacht hat.

Papa, das sage ich meinem Sorgenfresser!
Kinder haben genau so Sorgen wie die Erwachsenen auch. Es ist gut, wenn sie sie abgeben können. Nun gilt auch für die kleinen Kinder das Naturgesctz, das besagt: Energie

140

geht nicht verloren. Wenn sie ihre Sorgen anderen erzählen, die sich dann mit ihnen gemeinsam Sorgen machen, dann verdoppeln sich die Sorgen. Sie brauchen also
jemanden, der ihre Sorgen anhört und mit ihnen fühlt,
aber nicht im Mitleid versinkt und dadurch alles noch
schlimmer macht. Ein Sorgenfresser kann das. Er ist eine
Figur, die das Kind sich selbst ausdenkt und auf ein Papier
malt.

Er ist eine große Hilfe für ein Kind, denn er frißt die Sorgen, die es ihm in den Mund steckt. Er kaut sie klein, ver-
daut sie und scheidet sie in gewandelter Form wieder aus.
Die Energie der Sorge bleibt daher nicht erhalten. Der Sorgenfresser wandelt sie. Darin liegt seine Einmaligkeit und
seine große Kraft.

Jedes Kind hat seine eigene Vorstellung von einem Sorgenfresser. Ich habe furchterregende Gestalten gesehen, die
in den beiden Händen ein großes Messer und eine überdi-
mensionale Gabel hatten und einen Mund voll von scharfen, spitzen Zähnen. Jeder Sorgenfresser sieht etwas anders
aus. Ein anderes Kind hat mir einen dicken, runden Zwerg
gezeigt, der in seinem Bauch viel Platz für Sorgen hat. So
sah sein Sorgenfresser aus.

Es spielt keine Rolle, wie der Sorgenfresser aussieht.
Wichtig ist, daß er eine Zeichnung ist, der das Kind in seiner Vorstellung seine Sorgen in den Mund schiebt. Kinder
haben genug Phantasie dafür. Sie denken an ihre Sorge, heben dabei die Hand an den Mund des Sorgenfressers und
schieben die Sorge da hinein. Dann ist sie weg und abgegeben. Das wirkt.

Der Sorgenfresser sollte keine gebastelte dreidimensio-
nale Figur sein, zum Beispiel aus einer Schachtel, in die
das Kind ein Blatt hineinsteckt, auf das es seine Sorge gemalt hat. Die Energie bleibt auf dem Blatt Papier erhalten.
Der Sorgenfresser kann das Papier nicht verschwinden lassen.

Wenn die Eltern den Sorgenfresser ihres Kinder achten und ernst nehmen, dann haben die Kinder in ihm eine großartige Hilfe und die Eltern eine Entlastung.

Die Kinder kamen zu spät zum Essen

Antonia hat drei Kinder im Kindergarten- und Grundschulalter. Sie liebt ihre drei Kinder und macht viel für sie. Sie kocht ihnen mittags ein schönes Essen und deckt den Tisch liebevoll. Dann ruft sie die drei Kinder. Jeden Tag passiert das gleiche: Mindestens einer von ihnen ruft „gleich!" und kommt noch lange nicht. Oft kommen alle drei erst nach zehn Minuten oder noch später. Dann ist das Essen kalt, und sie selbst wartet auch und würde lieber essen und sich danach zehn Minuten hinlegen, statt diese Zeit mit Warten zu verbringen. Sie hat ihnen schon oft gesagt, daß sie sofort kommen sollen, wenn sie ruft. Ohne Erfolg.

Dieses Mal schritt Antonia zur Tat. Sie achtete ihre Gefühle und Wünsche und handelte danach. Sie rief einmal laut und deutlich jedes einzelne Kind beim Namen und rief dann: Kommt bitte zum Essen!" Die Kinder waren im Garten und spielten fröhlich weiter. Sie hatten nur einmal kurz hergeschaut.

Antonia setzte sich an den Tisch und aß eine kleine Portion Salat, sonst nichts, und räumte dann gleich den Eßtisch wieder ab. Sie aß absichtlich wenig, damit der Tisch auch leer war, bis die Kinder schließlich kamen. Sonst hätten sie sich an den gedeckten Tisch gesetzt und alles wäre beim Alten geblieben. Während sie eilig das Geschirr wegstellte und das Essen in die Küche trug, kam sie sich vor wie eine Rabenmutter. Gleichzeitig war sie froh, daß sie sich das endlich traute.

Nach einer Viertelstunde standen die Kinder vor der Terrassentüre und wollten herein. Dort nahm Antonia sie in Empfang. Sie atmete dreimal bewußt ein und aus, während sie auf sie zu ging, und sagte dann mit möglichst neutraler Stimme: „Kommt herein. Geht gleich hinauf, duscht euch und zieht eure Schlafanzüge an. Das Abendessen ist vorbei. Ihr wart nicht da." Mehr hat sie nicht gesagt, sonst wäre sie wieder in ihren Frust hinein gekommen. Dann atmete sie wieder bewußt ein und aus, bis die Kinder völlig verdutzt nach oben gingen. Keiner hat gemault, keiner hat auch nur den Versuch gemacht, sich etwas zu essen zu holen. Seitdem kommen sie zum Essen, wenn Antonia sie ruft.

Antonia kann die Stunden mit ihren Kindern jetzt mehr denn je genießen. Sie achtet ihre eigenen Bedürfnisse, und seitdem achten die Kinder ihre Mutter mehr und können das schätzen, was sie für sie tut.

Diese Erfahrung nützt den beiden Älteren, wenn sie morgens pünktlich in die Schule gehen sollen. Es ist ihre Sache, daß sie rechtzeitig aus dem Haus gehen. Die Eltern erinnern sie daran, daß es Zeit ist zu gehen. Sie schieben und ermahnen sie nicht mehr. Einmal kamen sie zu spät in die Schule. Das war ihnen unangenehm. Die Kinder lernen aus den Folgen, nicht aus den Ermahnungen. So liegt die Verantwortung bei ihnen. Das macht sie selbständig und stark.

■ Die täglichen Mahlzeiten sind jetzt ein kleines Fest

Am Beispiel einer gemeinsamen Mahlzeit möchte ich zeigen, wie schnell und wieviel Kinder dabei lernen können. Ich denke an eine Familie mit drei Kindern im Alter von vier bis acht Jahren. Die Eltern haben beschlossen, daß sie von jetzt an ihren Kindern beim Essen erlauben, daß sie sich selbst das Essen aus den Schüsseln nehmen und daß sie, die Eltern, keine Bemerkungen mehr wegen der Menge machen und ihnen auch nicht mehr dauernd erzählen, was gesund ist und wieviel sie wovon essen sollen. Das war bei ihnen ein beherrschendes Thema geworden.

Darum setzten sie sich mit den Kindern zusammen und sagten ihnen, daß es bei ihnen ab jetzt eine neue Regel gibt. Diese Regel heißt: Jeder nimmt sich selbst und ißt das auf, was er sich genommen hat. Wenn es ihm bei dieser Mahlzeit zu viel ist, dann bekommt er es bei der nächsten Mahlzeit noch einmal.

Der Gedanke, der dahinter steht, ist die Würdigung des Essens und der Arbeit all derer, die dieses Essen ermöglicht haben. Jedes Kind erlebt eine direkte und logische Konsequenz seines Verhaltens und lernt aus der gemachten Erfahrung.

In der genannten Familie brauchten die Kinder drei Tage, bis sie die Mengen richtig einschätzen konnten. Sie ließen anfangs einige Dinge weg. Der eine aß gar kein Gemüse, die andere kein Obst. Es gelang den Eltern, nichts zu sagen. Sie boten weiterhin eine gut gemischte Kost an und trauten darauf, daß sich der gesunde Instinkt ihrer Kinder mit der Zeit wieder einpendelt. Es dauerte eine Weile, dann ernährten sie sich ganz ausgewogen.

Die ersten Tage mit der neuen Regelung waren für die Eltern aufregend. Sie lernten ebenso viel wie ihre Kinder, nur anders. Es erschien ihnen hart, als sie den halb leer ge-

144

gessenen Teller des ältesten und des jüngsten Kind in den Kühlschrank stellten und abends ihnen leicht aufgewärmt wieder an den Platz stellten. Sie machten von sich aus keine Bemerkung, sondern riefen die Kinder zum Essen. Sie setzten sich alle an den Tisch. Nur das mittlere Kind hatte einen frischen, leeren Teller. „Ich mag das nicht, ich will auch einen neuen Teller!" rief der Jüngere.

Die Mutter sagte: „Du hast dir das heute Mittag genommen und nicht aufgegessen. Unsere Regel heißt: Jeder nimmt sich selbst und ißt das auf, was er sich nimmt. Deswegen bekommst du jetzt den Rest von deinem Mittagessen." Dann ging sie darauf nicht mehr ein und sprach von etwas anderem. Sie erzählte von einer schönen Begebenheit, die sie an diesem Nachmittag erlebt hatte. So änderte sich der Gesprächsstoff bei ihren Mahlzeiten. Es gab insgesamt wegen des Essens keine Reibereien mehr. Die Kinder wußten, wie die Regel heißt, und lernten bemerkenswert schnell, ihre Bedürfnisse richtig einzuschätzen. Dafür legten die Eltern mehr Wert auf eine liebevolle Gestaltung des Eßtischs. Ein Sträußchen auf dem Eßtisch, Stoffservietten und eine Kerze schufen eine andere Atmosphäre. So wurde jede Mahlzeit ein kleines Fest.

Da, wo die Kinder früher „Mama Papa, ich habe Durst!" gesagt und erwartungsvoll ihr Glas ausgestreckt hatten, nehmen sich die Kinder jetzt selbst das Getränk und gießen sich ein. So ist auch für die Eltern beim Essen inzwischen viel mehr Ruhe am Tisch eingekehrt. Sie schauen am Beginn der Mahlzeit, ob alles auf dem Tisch steht, was sie brauchen. So stehen sie während des Essens nicht mehr auf, um Fehlendes zu holen. Jeder genießt inzwischen die gemeinsame Mahlzeit. So läßt es sich gut leben.

Eltern können ihre Kinder zwischendurch natürlich verwöhnen und sie bedienen, wenn sie darauf Lust haben. Das ist dann ja auch schön. Es sollte aber nicht so sein, daß die

Kinder das als selbstverständlich erleben und andauernd einfordern und keine eigene Verantwortung übernehmen.

Die Kinder werden dabei selbständiger und machen grundlegende Erfahrung, die für ihre Schulzeit wertvoll sind. Das Abschätzen der Mengen ist eine Vorübung für das Rechnen. Kinder, die ganz praktische Erfahrungen mit Mengen und Reihenfolgen machen, tun sich später auch mit dem abstrakten Vorstellen von Mengen und Reihenfolgen leichter.

■ Das Aufräumen ist kein Thema mehr

Unordnung im Kinderzimmer

Edith ist Mutter von zwei Kindern im Alter von vier und sechs Jahren: Helene und Jakob. Sie führt einen täglichen Kampf gegen die Unordnung. Sie findet, daß sie mit dem andauernden Aufräumen unendlich viel Zeit vertut, die sie weit sinnvoller nutzen könnte. Jeden Abend sammelt sie von neuem überall im Haus den Krimskrams der Kinder ein. Diese Unordnung, die die Kinder hervorbringen, stört auch Ediths Mann. Das führt gelegentlich auch zu Spannungen zwischen den Eltern.

Sie haben eine Regel. Diese Regel beinhaltet, daß die Kinder abends ihre Spielsachen aufräumen. Dennoch halten sie sich nicht an diese Regel. Die Spielsachen sind überall verteilt. Auch haben die Kinder mehr Spielsachen, als sie wirklich brauchen. Da hat sich einfach eine ganze Menge angesammelt, was das Ordnunghalten erschwert.

Ich fragte die Eltern, welche Konsequenz folgt, wenn die Kinder sich nicht an die Regel halten. Mit strenger Miene antwortete der Vater: „Da gibt es Ärger." Ärger gibt es, das schon. Die Mutter ärgert sich, der Vater ärgert sich, beide schimpfen die Kinder und danach miteinander. Das muß nicht sein, und es geht auch anders.

Als erstes können die Eltern sich und den Kindern Entlastung schaffen, indem sie Spielzeug aussortieren, das nicht benützt wird. Oft liegen gerade die Spielsachen achtlos herum, die den Kindern nichts bedeuten. Es ist sehr wichtig, zwischendurch Raum zu schaffen für Neues und Dinge abzugeben, für die einfach die Zeit vorbei ist. Es kann sein, daß die Kinder eine Zeitlang gerne damit gespielt haben und jetzt darüber hinausgewachsen sind oder daß sie ein Spielzeug nie gemocht und es so gut wie nie in die Hand genommen haben. Diese Dinge können getrost abgegeben werden. Anderes ist kaputt und muß repariert werden. Dann soll das auch geschehen. Wieder anderes gehört in den Abfall.

Dann bleiben die Dinge, die den Kindern lieb sind und mit denen sie sich gerne beschäftigen. Wenn erst einmal diese Grundordnung geschaffen ist, können die Kinder leichter selbst aufräumen. Es ist dann nicht mehr ein so übervolles Kinderzimmer, in dem alles fein säuberlich gestapelt werden muß. So entsteht Spielraum, Raum zum Spielen. In diesen Räumen fühlen sich die Kinder wohl.

Edith beschloß, Ordnung zu schaffen und Überflüssiges aus dem Kinderzimmer herauszuräumen. Sie beschaffte sich vier große Pappkartons mit Deckel. Sie füllte die Kisten teils allein, teils mit den Kindern. In den einen Karton kamen die Bausteine, in den nächsten die Eisenbahn, in einen weiteren die Verkleidungstücher und Decken und in einen anderen die Autos. Von außen kennzeichnete sie den Inhalt mit einem Bild. Alles stellten sie ordentlich nebeneinander ins Regal. Damit wurden etliche kleine Körbe und Schachteln überflüssig.

Diese neuen Kartons verführten die Kinder nicht mehr so sehr, alles herauszuziehen. Jetzt war ein bewußter Entschluß erforderlich, daß sie sich aus einer bestimmten Kiste etwas herausholten. Die Kinder waren damit ebenso zufrieden wie die Mutter.

Es blieben immer noch einige Schachteln mit einzelnen Spielsachen, die vielen Stofftiere und noch etliches mehr. Edith bereitete für jedes Kind zehn farbige Aufkleber vor und setzte sich gemeinsam mit ihnen ins Kinderzimmer. Sie fragte Helene und Jakob, mit welchen zehn Dingen sie besonders gerne spielen und gab jedem von ihnen zehn Aufkleber. Sie sollten sie auf ihre zehn liebsten Spielsachen kleben. Das machten sie. Dabei waren sie ganz konzentriert. Auf manche Dinge klebten beide einen Punkt. Auch diese Dinge räumten sie in das Regal.

Alle anderen Dinge wurden aus dem Zimmer geräumt. Edith holte zwei Körbe. In den einen kamen die Dinge, die sie augenblicklich nicht brauchten, die sie aber in einer anderen Jahreszeit wieder haben wollten. Die lagerte Edith vorübergehend im Keller ein. In den anderen Korb räumten sie die Spielsachen, die an eine andere Familie weitergegeben werden sollten. Wieder anderes kam in den Müll.

Jakob fragte etwas ängstlich nach, ob die Sachen in dem einen Korb wirklich alle weitergegeben werden und ob sie dann ganz weg sind. Edith bestätigte das und erklärte Jakob, daß weder er noch Helene mit diesen Dingen spielen und daß es wichtig ist, von Zeit zu Zeit Raum zu schaffen für Neues. Das leuchtete ihm ein.

Mit dieser Aktion hat Edith den Kindern das Aufräumen erheblich erleichtert. Jetzt mußten sie noch lernen, selbst etwas für die tägliche Ordnung zu tun, damit sie auch erhalten bleibt.

Edith und ihr Mann besprachen ihre weitere Vorgehensweise. Sie wollten nicht wieder in das alte Fahrwasser der Unordnung hineingeraten. Sie waren fest entschlossen, daß Helene und Jakob dieses Mal die Regel mit dem Aufräumen einhalten oder, falls sie nicht aufräumen, eine natürliche Konsequenz erfahren.

Nach dem Mittagessen erinnerte Edith die Kinder an die Regel, die schon lange bestand, an die sich aber niemand wirklich gehalten hatte: „Helene und Jakob, jetzt habt ihr Ordnung bei euren Spielsachen, und ihr wißt, wo alles hingehört. Haltet bitte diese Ordnung. Ihr kennt die Regel: Ihr räumt vor dem Abendessen alle Spielsachen auf. Falls ihr dennoch etwas herumliegen laßt, räume ich diese Dinge weg. Ich rufe euch eine Viertelstunde vor dem Abendessen. Dann räumt ihr auf."

Der Tag war wie alle anderen, und am Abend räumten Helene und Jakob das meiste auf. Im Bad blieben die Puppen und die Puppenkleider liegen, und in der Gästetoilette lag noch der Inhalt eines Überraschungseis.

Die Eltern erwähnten das mit keinem Wort, als sie ihren Kindern eine gute Nacht wünschten und ihnen eine Geschichte vorlasen. An diesem Abend mußten sie sich wirklich überwinden. Es fiel ihnen schwer, nichts zu sagen und auch nicht die Puppen heimlich ins Kinderzimmer zu legen, so als ob sie aufgeräumt worden wären. Damit hätten sie ihren Kindern aber eine Lernerfahrung vorenthalten. Beherzt nahmen sie einen Plastikbeutel und steckten die Puppen und Puppenkleider hinein. Den Inhalt des Überraschungseis gaben sie in den Müll. Den Beutel mit den Puppen legten sie vor die Haustüre. So hatten die Kinder am nächsten Tag doch noch eine Chance, sie zu sehen.

Am nächsten Morgen machten sich Jakob und Helene für den Kindergarten fertig und gingen vor die Haustüre. Da lag eine Tüte, und Jakob schaute hinein. Er entdeckte die Puppen und wunderte sich. Es dämmerte ihm, daß seine Mutter ihm am Tag vorher gesagt hatte, daß sie Dinge, die herum liegen, weg tun wird. Er war völlig verblüfft. Das hatte er noch nie erlebt. Er zeigte Helene die Tüte. Dann redeten sie aufgeregt miteinander.

Edith und ihr Mann mußten nur einige wenige Male Spielsachen in den Plastikbeutel stecken. Die Kinder haben aus der Erfahrung gelernt und räumen die Dinge auf, die ihnen wichtig sind. Sie sind auch sonst achtsamer geworden, wenn ihnen jemand etwas sagt, und hören besser hin. Es könnte immer sein, daß es etwas Wichtiges ist.

Die beiden sind aufgewacht. Sie schätzen jetzt ihre Spielsachen viel mehr. Daher behandeln sie sie auch wie Schätze.

Auch ihre Eltern schafften Raum für Neues

Diese Aufräum-Aktion ging auch nicht spurlos an den Eltern von Jakob und Helene vorüber. Sie konnten nicht von ihren Kindern erwarten, daß sie sich bereitwillig von Spielsachen lösen, die sie nicht mehr brauchen, wenn sie selber viele alte Dinge aufbewahren, die sie schon lange nicht mehr in die Hand genommen haben und von denen sie vielleicht nicht einmal wissen, daß sie sie besitzen.

Edith wußte genau so gut wie ihr Mann, daß sie eine Menge alte Dinge aufbewahrt hatten. Im Keller lag so manches, das einfach überholt war, und auch in den Schränken und Regalen und unter dem Deckel der Sitzbank. Sie begannen auch bei sich aufzuräumen. Das war ihnen auf einmal ein Bedürfnis. Sie wollten es wirklich. Wenn dieser drängende Wunsch einmal da ist, dann gelingt Aufräumen ganz leicht. Es ist befreiend. Sie begannen Raum zu schaffen für Neues.

Wenn Kinder sehr unordentlich sind und einfach keine Ordnung halten, dann ist auch für die Eltern Ordnung ein Thema. Dabei kann es sein, daß die Eltern ebenfalls einen Hang zur Unordnung haben oder aber ganz im Gegenteil übertrieben Ordnung halten und an der Grenze zur Pedanterie sind. Das sind die beiden Pole der Ordnung.

Manche Eltern meinen, daß ihre Unordnung lang nicht so schlimm ist wie die der Kinder. Damit werden sie auch sicher Recht haben. Dennoch hilft es für das ganze Thema Unordnung in einer Familie, wenn die Eltern bereit sind, den Zusammenhang zwischen dem Verhalten ihrer Kinder und ihrem eigenen Verhalten zu erkennen und gleichzeitig

bei sich selbst Ordnung schaffen und Überholtes aussortieren und abgeben.

Es kommt auch vor, daß Eltern rein äußerlich viel Wert
auf Ordnung legen, so daß die äußere Form, die Fassade ge-
wahrt ist, und dennoch unordentliche Kinder haben. Die
Unordnung kann genau so gut in ihnen liegen, wenn sie
mit sich selbst oder anderen Menschen nicht im Reinen
sind. Auch dann hilft den Eltern das äußere Aufräumen,
wenn sie es bewußt tun und sich damit ein Signal setzen:
Ich bringe Ordnung in mein Leben. Alles, was sie bewußt
und mit einer bestimmten Absicht machen, hat mehr Wirkung, als wenn sie es nur einfach so machen, weil es eben
einmal wieder dran ist. Das Aussortieren von Socken, die
sie nicht mehr anziehen, gewinnt dann Symbolcharakter
und wirkt auch in andere Lebensbereiche ordnend hinein.

Eltern haben also die Möglichkeit, bei ihrem Kind eine
günstige Entwicklung anzubahnen, indem sie das gleiche
Thema, hier das Thema Unordnung, bei sich selbst in Ordnung bringen. Edith und ihr Mann werden erst dann erreichen, daß ihre Kinder dauerhaft mehr Ordnung halten,
wenn sie selbst ihre Dinge in Ordnung bringen. Sonst wäre
selbst das konsequente Einsammeln der Spielsachen nur
halbherzig und im Grunde auch etwas verlogen.

Beim eigenen Aufräumen können sie auf die Wechselwirkung zwischen sich und den Kindern bauen. Sie greift
aber nur, wenn sie um ihrer selbst willen bei sich aufräumen und nicht mit dem Hintergedanken, daß sie die Kinder auf diese Weise zum Aufräumen bewegen. Dann werden sie nicht den erwünschten Erfolg haben. Das Thema
könnte sich im Gegenteil sogar noch zuspitzen.

Es lohnt sich, Raum zu schaffen für Neues. Das Leben
gelingt viel besser, wenn die Dinge in Bewegung sein dürfen. Beim Aufräumen kommt es darauf an, wie es geschieht und welche Gedanken und Gefühle dabei im Vordergrund stehen. Die Gefühle und die Absicht, in der

Aufräumen und Ausräumen geschieht, haben eine formende Kraft. Ist ein Gefühl von Achtung und Dankbarkeit vorhanden, dann kann auch der Raum, der soeben geschaffen wird, mit Achtung und Dankbarkeit gefüllt werden und nicht mit Verachtung und Geringschätzung.

Die Sprache ist dabei wieder einmal sehr erhellend. Sie macht die Denkweise sichtbar. Menschen, die ihre Aufmerksamkeit auf die Ordnung und Wertschätzung lenken, benutzen dabei solche Wörter: „Alte Dinge abgeben oder weitergeben, wegschaffen, aussortieren, in den Müll tun, wegtun, Ordnung schaffen, in Ordnung bringen". Wer so denkt und spricht, der strahlt Achtsamkeit und Ordnungssinn aus. Wer erst dahin kommen möchte, der hat mit der Sprache eine Möglichkeit, sich den Weg dahin zu ebnen.

Die meisten Menschen sprechen und denken nicht so, wenn es um das Aufräumen in ihrem Keller und in ihren verstaubten Ecken geht. Sie gehen mit den alten Dingen grob um und wollen nichts mehr von ihnen wissen. Es fehlt die Dankbarkeit dafür, daß sie diese Dinge benutzen konnten, und sie scheinen auch vergessen zu haben, daß sie sie einmal geschätzt haben, sonst hätten sie sie nicht gekauft von dem Geld, für das sie gearbeitet haben. Durch die achtlose Art, mit der sie ihre alten Sachen wegtun, verachten sie letztlich sich selbst und ihre Arbeit oder auch diejenigen, deren Geschenke sie in achtloser Weise beseitigen.

Ihre Aufräum-Sprache ist ebenso grob wie ihre Einstellung: „Den alten Krempel", „das ganze Zeug", „den ganzen Plunder", „das Gerümpel", „den Kram ausmisten", „raushauen", „weghauen", „wegschmeißen", „wegwerfen", „das Chaos beseitigen", „chaotisch". Wer so denkt und fühlt, erlebt in seinem Leben das, was er sät: Grobes und einen Mangel an Achtung.

Als ich Edith vier Wochen nach diesem Aufräum-Gespräch wieder sah, war sie viel gelöster, freier und heiterer.

Sie war richtig glücklich. Sie hatte die ersten Tage täglich eine Schublade aufgeräumt und alle Dinge weggetan, die sie nicht mehr benutzte. Dann hat sie richtig hingelangt und fünf Schränke, die Sitzbank und eine Kommode mit Schubladen aufgeräumt und ganz Vieles abgegeben. Sie fühlte sich unendlich befreit.

Sie wollte jetzt, daß ihr Mann auch bei sich noch mehr aufräumt, weil das so gut tut und es ihm auch gut täte. Hier bremste ich sie. Ich bin der Meinung, daß niemand einen anderen ändern kann oder ändern darf. Wir können nur dann friedlich miteinander leben, wenn wir uns so sein lassen, wie wir sind. Ich konnte Edith aber Mut machen, ihren eigenen Weg zu gehen: „Wenn Sie so weiter machen und bei sich selbst aufräumen, dann ändert sich Ihre Ausstrahlung. Trauen Sie der Wirkung Ihrer Ausstrahlung. Nehmen Sie Ihren Mann so, wie er ist, und lassen Sie ihm Zeit. Es ist wirklich seine Sache, wann und ob er aufräumt. Wenn Sie das so sehen können, dann kommt er am leichtesten in Bewegung."

Edith ging es rundherum besser. Daß die Kinder aufräumen, war kein beherrschendes Thema mehr. Damit war zwischen ihr und den Kindern und dem Mann die Stimmung viel gelöster. Es ist schön, was sich in so kurzer Zeit bewegt hat.

Edith steht mit ihrem Erfolg nicht allein. Es gibt auch andere Beispiele. Auch Erika hatte ein großartiges und dabei völlig unerwartetes Ergebnis. Das betraf ihre sechzehnjährige Tochter Silke. Diese hatte nie aufgeräumt. Das war ein ewiges Ermahnen und Nachfragen gewesen, aber letztlich doch ohne Erfolg.

Nun hatte Erika bei sich selbst in großem Maßstab aufgeräumt und tütenweise Kleider, Bettwäsche und Handtücher aus dem Haus getragen. Die Reaktion der Tochter ließ nicht lange auf sich warten. Doch hatte Erika damit überhaupt nicht gerechnet. Sie hatte nur für sich selbst ausgeräumt und Raum geschaffen für Neues. Nach einem geheimnisvollen Nachmittag hinter der verschlossenen Türe präsentierte Silke am Abend stolz ihren Eltern ein perfekt aufgeräumtes Zimmer. Seitdem ist es immer mehr oder weniger in Ordnung. Ein solches Durcheinander wie vorher gab es seitdem nie mehr.

▧ Alexandra allein zu Haus

Bettina und Jürgen verzweifelten manchmal an dem andauernden Trödeln ihrer Tochter. Besonders schlimm war es, wenn Alexandra sich anziehen und mit aus dem Haus gehen sollte. Es war jeden Tag das gleiche. Daraus war ein Ritual geworden, das niemanden glücklich machte. Alexandra war damals vier Jahre alt.

Bis jetzt hatten die Eltern es immer wieder mit Tricks oder mit Schimpfen oder Ermahnungen geschafft, daß sie doch irgendwann angezogen war und mitkam. Sie hatten es schon im Guten und im Bösen versucht. Alexandra trödelte weiter.

Alexandra hatte oft gehört, daß die Eltern sagen: „Wenn du dich jetzt nicht bald beeilst, dann bleibst du allein daheim!" Das war aber immer nur angedroht oder angekündigt worden. Erlebt hat sie das noch nie. So wußte sie gar nicht, was auf dem Spiel stand.

Die natürliche Konsequenz ihres Trödelns kann tatsächlich sein, daß die Eltern sie allein im Haus lassen, so wie sie es ja auch schon mehrfach angekündigt hatten. Wenn sie das tun, dann nehmen sie sich selbst beim Wort. Wie soll Alexandra lernen, ihre Eltern ernst zu nehmen, wenn sie es selbst nicht tun? Damit ermöglichen sie ihrer Tochter eine wichtige Lernerfahrung.

Eltern fangen in solchen Augenblicken oft an zu diskutieren und auf die Kinder einzureden. Das hat keinen Sinn.

Ein Kind kann noch gar nicht richtig mitreden, wenn ihm die Erfahrung fehlt. Außerdem ist dieses logische Analysieren und Diskutieren nichts für kleine Kinder. Sie können damit noch herzlich wenig anfangen. Sie lernen bei der eigenen selbst erlebten Erfahrung.

Alexandras Eltern entschieden sich dafür, ihre Tochter die für sie offensichtlich erforderliche Erfahrung machen zu lassen. Natürlich wollten sie nicht für einen halben Tag aus dem Haus gehen und ihr Kind allein lassen. Damit würden sie es überfordern. Die Erfahrung, daß es allein zurückbleibt, macht ein Kind auch mit einer halben Stunde oder weniger. Das Ziel ist, Alexandra einmal die Konsequenz erleben zu lassen. Es ist also keine Strafe, wenn die Eltern für eine halbe Stunde aus dem Haus gehen.

Im Lauf der nächsten Tage wagten Bettina und Jürgen den Schritt nach vorne, der sie aus der ewigen Trödelei führen sollte. Sie wollten gemeinsam mit Alexandra aus dem Haus gehen und im Supermarkt ihren Großeinkauf erledigen. Bettina forderte sie in einem freundlichem und entschlossenen Ton auf, sich anzuziehen: „Alexandra, zieh dir bitte den Anorak und die Schuhe an. Wir fahren jetzt einkaufen!" Dabei hatte sie sich an die drei A erinnert und sie angewendet: ansprechen, anschauen und atmen. Dieses Mal wurde Bettina nicht wie sonst ärgerlich und ungeduldig. Sie war eher aufgeregt und neugierig, weil sie etwas vorhatte, was sie noch nie gewagt hatte.

Alexandra trödelte wie immer. Nach fünf Minuten – Alexandra hatte gerade einen Schuh an und schleuderte den anderen in der Luft herum – sagte Bettina: „Alexandra, wir gehen jetzt aus dem Haus und lassen dich hier. Du bist noch nicht angezogen." Alexandra schaute fragend auf und war perplex. Jürgen bestätigte, was Bettina Alexandra schon gesagt hatte: „Ja, wir gehen jetzt. Du bist ja noch nicht angezogen!"

Bettina und Jürgen wußten, daß sie jetzt handeln mußten, egal wie Alexandra reagieren würde. Sie waren auf alles gefaßt. Sie gingen hinaus und schlossen die Türen hinter sich. Dann stiegen sie ins Auto und fuhren um die
nächste Ecke. Dort blieben sie stehen und schauten sich
an. Sie saßen nebeneinander und standen Qualen aus. Sie
erinnerten sich wieder an das Atmen und atmeten bewußt
ein und aus und wieder ein und wieder aus. Allmählich
wurden sie ruhiger. Sie konnten keine Geräusche hören,
kein Schreien, nichts. Sie hätten Alexandra gehört, wenn
sie laut geschrien hätte.

Sie wußten vom Kopf her, daß sie Alexandra gerade eine
wesentliche Erfahrung ermöglichten und daß sie nach
einer halben Stunde wieder heimgehen würden. Dennoch
litten sie, und sie meinten, daß sie schrecklich grausam
waren, ihre kleine Tochter allein zu Haus zu lassen. Dann
machten sie einen kleinen Spaziergang die Straße hinauf
und wieder hinunter und fuhren nach einer halben Stunde
heim.

Als sie dann die Haustüre öffneten, gaben sie sich so
normal wie möglich. Es bestand kein Anlaß für besorgte
Fragen oder für Rechtfertigungen oder gar Belehrungen.
Damit hätten sie vieles wieder zerstört, was gerade so zart
entstanden ist. In dieser letzten halben Stunde hat Alexandra mehr durch ihre eigene Erfahrung gelernt, als sie es
ihr jemals mit Wörtern vermitteln könnten.

Das, was sie sahen, übertraf alle Erwartungen von Bettina und Jürgen. Alexandra kam mit stolz erhobenem
Haupt. „Mama, Papa!" rief sie dann „Ich war jetzt ganz allein daheim. Schaut, was ich gemacht habe!" Sie zeigte auf
den Kassettenrecorder. Den hatte sie sich an den Tisch geholt und eine Kassette eingelegt und Musik gehört. Dazu
hatte sie gemalt.

Sie hat gemerkt, daß sie sehr gut eine Weile allein sein
kann und war sichtlich aufgeräumt und guter Dinge. Ihre

Stimme war fest und klar. Die Eltern freuten sich mit Alexandra.

Nach einer Weile nahmen die Eltern einen neuen Anlauf. Sie wollten noch immer ihren Einkauf machen und dafür zwei Stunden weg sein. Der Vater schaute seine Tochter an und sagte: „Alexandra, wir fahren jetzt weg und gehen einkaufen. Wir sind bis zum Abendessen weg. So lange lassen wir dich noch nicht allein. Möchtest du mitkommen oder zu einem Freund gehen?" Alexandra dachte kurz nach und sagte dann: „Da komme ich mit!" In wenigen Minuten war sie fertig angezogen. Noch den ganzen Tag fühlte sie sich großartig. Sie war sichtlich stolz auf sich selbst.

Für die Eltern war das eine gänzlich neue Erfahrung. Sie spürten, wie glücklich ihre Tochter war. Gleichzeitig fühlten sie selbst sich befreit. Sie haben die Bindung noch etwas gelockert und dadurch auf einer anderen Ebene mehr Nähe miteinander gefunden. Sie gingen in der Stadt spontan in ein Café und feierten den Tag.

Nach dieser aufregenden ersten Erfahrung mit den Folgen des Trödelns legte Alexandra diese Unart im großen und ganzen ab. Seit diesem Tag ist Alexandra aufmerksamer, wenn ihre Eltern sie ansprechen und mit ihr reden wollen. Diese gesteigerte Wachheit wird ihr das Leben und das Lernen erleichtern, weit über die Schule hinaus.

Von jetzt an war es für Bettina und Jürgen leichter, ihrem Kind die Erfahrung von Konsequenzen zu ermöglichen, die sie vorher um alles in der Welt hätten vermeiden wollen. So lernt Alexandra im Alltag, wie sie aus eigener Kraft und in Eigenverantwortung mit den verschiedenen Anforderungen des Lebens klarkommen kann.

■ Die Kinder nehmen jetzt den Babysitter an

Margot hat zwei Kinder, Bettine und Birgit. Sie sind vier und acht Jahre alt. Seit sie auf der Welt sind, war sie nie mehr mit ihrem Mann allein ausgegangen, um einfach Spaß zu haben, ins Kino, ins Theater oder zum Schlittschuhlaufen. Sie hatten Großeltern im Nachbardorf. Die kamen und halfen aus, wenn Not am Mann war. Sie waren als Familie viel zusammen, und ihre freie Zeit verbrachten sie gemeinsam. Besuch hatten sie selten, meistens waren es die Großeltern, mit denen sie sich trafen.

Margot war zufrieden mit ihrem eigenen Leben. Sie machte sich aber Sorgen wegen ihrer älteren Tochter: „Birgit ist sehr zurückhaltend und verschlossen. Das ist wirklich übertrieben. Ich verstehe nicht, warum sie das macht. Sie spielt nur mit einer einzigen Freundin. Wenn die nicht da ist, dann spielt sie mit niemandem anderen. Sie hängt sich richtig an sie dran. Ja, und wenn die Freundin nicht da ist, dann zieht sie sich in ihr Zimmer zurück und liest stundenlang oder spielt mit ihren Barbies. Ich hätte so gern, daß Birgit mehr hinaus geht in die frische Luft und auch einmal mit anderen Kindern spielt. Ich sage ihr das oft, aber sie bleibt dann trotzdem in ihrem Zimmer. Sie macht einfach dicht."

Das Mädchen war verschlossen, nicht aufgeschlossen. Mit dem Wort „verschlossen" wird Birgits Verhalten gut beschrieben. Es gibt ein Schloß und einen Schlüssel, der bewußt umgedreht werden muß, damit Birgit frei werden kann. Der Schlüssel ermöglicht eine bewußte Öffnung nach außen. Margot hat erkannt, daß das Mädchen Hilfe braucht, um sich der Welt und dem Leben öffnen zu können. Sie hat allerdings nicht gesehen, daß ihre eigene Lebensweise sich nicht wesentlich von der ihrer Tochter unterschied. Wenn sie erreichen wollte, daß ihre Tochter aus ihrer Isolation heraustritt, so mußte sie selbst ein Signal in dieser Richtung setzen und beginnen, sich selbst zu öffnen.

Margot war die Ähnlichkeit ihrer Verhaltensweisen nicht bewußt gewesen. Jetzt fiel es ihr wie Schuppen von den Augen, und sie konnte die Möglichkeit einer Wechselwirkung erkennen. Damit öffnete sie sich für erste Schritte auf ihrer Seite.

Seit acht Jahren war sie so gut wie nie mehr mit ihrem Mann ausgegangen. Der Gedanke an einen ihr fremden Babysitter war ihr unangenehm. Sie glaubte, daß sie die Kinder im Stich läßt, wenn sie sie einer fremden Person anvertraut, und daß sie die Betreuung der Kinder schon allein schaffen. Damit hatte sie einen hohen Anspruch an sich und ihren Mann und engte sich und die Kinder gleichzeitig ein. Im nächsten Satz äußerte sie Bedenken, daß ihre Kinder einen Babysitter akzeptieren und war sicher, daß sie das bestimmt nicht wollen. Margot behauptete damit indirekt, daß es an den Kindern liegt, daß sie abends keinen Babysitter nehmen.

Die Zeit für einen Babysitter war noch nicht reif. Der innere Wunsch nach einem Babysitter kommt von selbst, wenn Margot und ihr Mann die innere Freiheit gefunden haben, daß sie abends miteinander ausgehen zu wollen. Dann können sie auch hinter ihrer Entscheidung stehen, einen Babysitter zu engagieren. Dann werden die Kinder ihn auch annehmen.

Ich zeigte Margot mit der Sprache einen Weg auf, den sie wählen konnte, um das gewünschte Ziel zu erreichen. Als erstes machte ich ihr bewußt, daß sie mit ihrer Sprache zahlreiche Signale gibt, die ein Schließen, ein Dichtmachen bewirken, also genau das Gegenteil von dem, was sie erreichen wollte.

Das sind ganz normale Wörter, die sogar einen als positiv angesehenen Inhalt haben: „Sich zurückziehen, zurückhaltend sein, sich zurücknehmen, zuhören, zuschauen, zumachen, sich jemandem zuwenden, ab und zu". Die deutsche Sprache bringt es mit sich, daß die Menschen viel häufiger „zu" sagen als sie „zu" meinen. „Zu" kommt in allen um … zu-Sätzen vor und ist auch eine Vorsilbe: „Etwas trägt sich zu, jemand traut einem anderen etwas zu" und noch viele mehr. Dieses „zu" mag richtungsweisend gemeint sein, so wie das Englische „to". Es wird aber im allgemeinen nicht so empfunden, und das ist das Wesentliche.

Ich probierte diese Wörter gemeinsam mit Margot aus. Wir sprachen die einzelnen Wörter halblaut und deutlich aus und wiederholten sie einige Male. Bei „ich ziehe mich zurück" konnte Margot spüren, daß in „zurück" etwas zu ging und daß es dabei einen kleinen Ruck gab. Das ist die Wirkung von „zurück". Außerdem war da noch das „Ziehen" dabei. Niemand wird gerne gezogen, auch wenn er sich selbst zieht. Das fühlt sich einfach unangenehm an. Dennoch gilt „sich zurückziehen" als etwas Wünschenswertes, weil es der betreffenden Person eine Pause verspricht.

Bei Wörtern wirkt neben der gedachten Aussage immer die emotionale Speicherung. Da Margot Öffnung ersehnte, bei ihrer Tochter aber Verschlossenheit erlebte und ändern wollte, schaffte sie sich mit „zurückziehen" das glatte Gegenteil ihrer Wünsche.

Wir fanden miteinander eine andere Ausdrucksweise, mit der sie das sagte, was sie meinte. Sie erkannte, daß sie nur das sagen muß, was sie aussagen möchte, ohne den Inhalt zu bewerten. Das kann dann so heißen: Birgit geht in ihr Zimmer und liest stundenlang. Es genügt, daß sie das beobachtet und wahrnimmt. Oder in einer anderen Situation: „Ich bin müde und lege mich eine halbe Stunde ins Bett." Dies ist, wie es ist. Das „Zurückziehen" muß weder gedacht noch gesagt sein. Margot kann die unerwünschte Wirkung umgehen, indem sie dieses Wort aus ihrer Sprache herausnimmt und eine für den Augenblick passende

160

Ausdrucksweise ihrer Wahl an seine Stelle setzt. So schafft sie sich allmählich einen Schatz an Wörtern, einen echten Wortschatz.

Margot schrieb sich eine Liste an Wörtern auf, die sie in ihren Wortschatz integrieren wollte: Hinhören statt zuhören, hinschauen statt zuschauen, daran glauben, daß jemand etwas schafft statt zutrauen, manchmal statt ab und zu. Es genügt für den Anfang, wenn Margot sich für die Wirkung ihrer Sprache sensibilisiert und mit einigen bewußt gewählten Wörtern ein Signal setzt. Dieses Signal gilt ihr selbst, und es hat gleichzeitig eine Wirkung nach außen. Mit der Zeit kann sie ihre Sprache immer gezielter einsetzen und als ein Handwerkszeug nutzen, mit dem sie ihr Leben bewußt gestaltet. So kann aus dem Lebenstraum ein Traumleben werden.

Die deutsche Sprache ist messerscharf. Wer sie beherrscht, der kann mit ihr Wünschenswertes fein herausarbeiten und nach seinen Vorstellungen gestalten. Ebenso kann sie scharf und schneidend sein und verletzen.

Von dem gezielten Gestalten mit der Sprache war Margot in dieser Zeit noch weit entfernt. Sie begann mit einzelnen zu-Wörtern. Erst beobachtete sie, ob und wie oft sie sie benutzte und wiederholte sie jeweils einige Male laut, bis sie ihre Wirkung spürte. Dann ersetzte sie sie mit einer anderen Ausdrucksweise.

Ich durfte sie ein Jahr lang begleiten. Sie nahm an mehreren Wochenend-Workshops teil. Sie achtete auf ihre Sprache und machte daheim einige Wochen täglich mehrmals die Freiraum-Übung. Sie hat sich von vielen Dingen gelöst, die ihre Schränke angefüllt hatten und die sie nicht oder so gut wie nicht benutzt hatte. Damit hatte sie sich innerlich Raum für eine neue Entwicklung geschaffen.

Es war schön zu sehen, wie sie freier wurde und bei jedem Zusammenkommen eine neue gute Botschaft von ihren Kindern mitbrachte. Nach einem halben Jahr sagte sie ganz glücklich: „Wir haben jetzt einen Babysitter gefunden, und mein Mann und ich, wir gehen jetzt wieder miteinander aus und können das genießen. Das ist wieder wie früher, als wir noch keine Kinder hatten!" Da fragte eine Teilnehmerin, was die Kinder gesagt haben, als der Babysitter angekündigt wurde. Bettina hatte da gar nicht mehr hingedacht. Das war für sie kein Thema mehr. „Nichts, sie fragten nur, wie der Babysitter heißt." Die ältere Tochter öffnete sich jetzt auch und fand neue Freundinnen.

▪ Petra hatte oft die Nase voll

Eltern, deren Kinder oft erkältet sind, haben davon oft die Nase voll, und nicht nur vom Schnupfen. Es gibt für die einzelnen Krankheitssymptome, die Eltern bei sich oder den kleinen Kindern beklagen, oft spezifische Redewendungen, die gerade die davon betroffenen Eltern oft benutzen. Die Krankheit, die ein Mensch häufig oder chronisch hat, findet in der Sprache ihren Widerhall. Sie kommt auch in seiner Ausdrucksweise zum Ausdruck. Auch das „Verschnupft-Sein" gehört da hinein oder der „dicke Hals", den manche bei und nach unangenehmen Begegnungen herbeireden. „Mir geht etwas die Nase hoch" zeigt auch, wo derjenige möglicher Weise eine körperliche Schwachstelle hat.

Auch Petra hatte die Redewendung „die Nase voll haben" immer wieder benützt. Sie war Teil ihres Vokabulars. Da sie endlich Schluß mit dem Erkältungsthema machen wollte, änderte sie ihre Ausdrucksweise und entschied sich erst für „ich ärgere mich" und dann für „es ist mir zu viel, ich möchte es so nicht mehr".

Damit machte sie sich bewußt, um was es wirklich ging. Sie hatte ein Riesenthema mit einer Verwandten, über die sie sich oft ärgern zu müssen meinte. Sie mußte sich nicht ärgern, sie tat es aber: Sie ärgerte sich, eben sich selbst. Das spannungsgeladene Verhältnis mit dieser Frau belastete sie und machte sie krank. Sie fühlte sich oft gekränkt, und das macht auf Dauer krank.

Petra lernte die drei A kennen und wendete sie regelmäßig an, wenn sie mit und auch von dieser betreffenden Frau sprach. Sie lernte sich zu achten und auf diesem Weg auch sie zu achten. Sie änderte ihre Einstellung. Damit löste sich eine wesentliche Ursache für all die Erkältungen auf. Ihre Gesundheit wurde in der Folgezeit sichtlich stabiler.

Es ist für jeden, der ein bestimmtes gesundheitliches Thema bei sich selbst oder seinen Kindern hat, lohnend, thematische Entsprechungen in seiner Sprache zu finden. Für viele Beschwerden gibt es Wörter, die im Satzzusammenhang nicht wörtlich gemeint sind und vordergründig nichts mit der Krankheit zu tun haben. Dennoch haben sie eine Auswirkung auf diese Krankheit, weil mit ihnen entsprechende Emotionen gespeichert sind, die immer wieder neu aktiviert werden.

Eindrücklich ist mir die Darstellung einer Nierenpatientin in Erinnerung. Sie hatte schon viele qualvolle Nierensteine hinter sich. Ihre Sprache war von diesen Erlebnissen geprägt. Sie erzählte, daß sie einen steinigen Lebensweg hinter sich hat, daß sie auch in belastenden Situation wie ein Fels in der Brandung steht und schließlich, daß sie wohlhabend, aber bestimmt nicht steinreich ist. Diese Redewendungen benützte sie spontan innerhalb von fünfzehn Minuten und war sich dessen nicht bewußt. Als ich sie darauf aufmerksam machte, sagte sie ebenso spontan: „Jetzt bin ich wie versteinert!"

Sie hielt mit dieser Ausdrucksweise unbewußt die emotionale Erinnerung an ihre Schmerzen wach und aktivierte dadurch etwas, was sie nicht mehr erleben wollte.

Wenn gesundheitliche Störungen bestehen, dann sind sie nicht nur ein körperliches Symptom. Sie zeigen auch etwas von der seelischen Befindlichkeit des Patienten. Da diese sich wie ein Fingerabdruck in der Sprache zeigt, ist die Sprache ein Schlüssel für das Erkennen der tiefer liegenden Zusammenhänge.

Starten Sie mit Ihrem Kind auf der Erfolgsspur

■ **Armutsbewußtsein ist weit verbreitet**

Die meisten Menschen kennen ihren wahren Wert nicht

Jeder Mensch ist einfach dadurch, daß er ein Mensch ist, wertvoll, jeder gleichermaßen. Er hat Stärken und hat Schwächen. Sie ändern an seinem grundsätzlichen Wert nichts. Sie machen ihn als Menschen nicht wertvoller oder wertloser. Er wird im Laufe seines Lebens wie jeder andere auch an ihnen arbeiten und die Schwachstellen immer besser glätten und die Stärken mehr hervorheben und zur Entfaltung bringen. Das ist ein ständiger Lernprozeß.

Dennoch fällt es den meisten ungeheuer schwer, diesen hundertprozentigen Wert jederzeit für sich in Anspruch zu nehmen. Ich höre oft solche Sätze: „Ich kann mich inzwischen schon ganz gut annehmen bis auf ..." oder „Ich weiß schon, daß ich wertvoll bin, aber ..." Diese einschränkenden Nachsätze entlarven den ersten Teil des Satzes als nicht wahr. Wer so spricht, nimmt sich nicht so an wie er ist. Es ist wichtig, daß Eltern dahin kommen, daß sie sich so nehmen wie sie sind, mit all ihren Stärken und Schwächen, denn sie können ihre Kinder auch nur dann hundertprozentig annehmen, wenn sie sich selbst hundertprozentig annehmen.

Menschen, die tief in ihrem Innersten wissen, daß sie wertvoll sind, haben ein Wohlstandsbewußtsein. Sie sehen sich selbst so und werden auch so behandelt. Das Gegenteil von Wohlstandsbewußtsein ist Armutsbewußtsein.

Armutsbewußtsein ist stark verbreitet und vielen so selbstverständlich, daß sie es als normal empfinden und nicht als Armutsbewußtsein erkennen.

Ich stelle oft eine Frage, die sich im Grunde verbietet: „Nehmen Sie eine Skala, die von Null bis hundert geht. Wie hoch ist ihr Wert?" Ganz Mutige sagen 70, die meisten nennen Zahlen unter 50. Sie sehen sich nicht einmal als mittelmäßig und wollen nicht unbescheiden sein. Sie sehen ihre Schwächen und glauben, daß diese Schwächen ihren Wert mindern. Das ist aber nicht so. Jeder Mensch ist einmalig und von Grund auf wertvoll. Die wenigsten scheinen das zu wissen. Sehr wenige meiner Kursteilnehmer sehen als Wert für sich 100, bei kaum einen klingt das jedoch wirklich überzeugend. Wer seinen Wert nicht kennt, der ist sich auch Erfolg und Reichtum nicht wert. Dabei umfaßt Reichtum mehr als nur den materiellen Reichtum. Auch ein Reichtum an Gefühlen, an Bildung, an Zeit, an Freunden und an Platz ist Reichtum.

Das Armutsdenken zeigt sich in der Sprache in ganz alltäglichen Situationen. Die Sprache ist wirklich verräterisch. Menschen mit Armutsdenken sagen: „Den Pullover kann ich mir nicht leisten. Er ist mir zu teuer. Ich habe nicht so viel Geld." Der Mangel steht im Vordergrund. Sie empfinden den Mangel und beschäftigen sich in ihrem Denken mit Mangel. So aktivieren sie alten Mangel und speichern gleichzeitig neuen Mangel ein.

Ein Mensch mit Wohlstandsbewußtsein formuliert solche Sätze anders. Er sieht den gleichen Pullover, und auch er kauft ihn nicht. Seine Begründung oder sein Kommentar ist grundlegend anders. Seine Äußerung könnte so klingen: „Der Pullover ist schön. Ich kaufe ihn mir aber nicht. Im Augenblick gebe ich dafür diese Summe nicht aus. So viel Geld habe ich noch nicht." Dabei lenkt er seinen Blick auf die Schönheit des Pullovers und sagt klar, daß der Kauf dieses Pullovers im Augenblick nicht dran ist. Mit dem „noch

nicht" geht er selbstverständlich von einer Aufwärtsentwicklung aus.

Das Armutsbewußtsein zeigt sich auch in einem Denken, das vermeidungsorientiert ist. Ein Mensch mit Armutsbewußtsein tut und unterläßt Dinge, um etwas zu
vermeiden, was er nicht erleben will. Auf diese Weise
lenkt er seine Aufmerksamkeit auf das Unerwünschte. Damit erreicht er das Gegenteil von dem, was er erreichen
möchte.

Genauso ist es mit den Hintergedanken, die ein Mensch
hat. Sie sind Anlaß für die Handlung, die daraufhin erfolgt.
Darum wirkt in erster Linie der Hintergedanke und erst in
zweiter Linie die Gedanken und Handlungen, die ihm folgen.

Petra hatte ein Armutsbewußtsein, und ihre Tochter erlebte den Mangel

Petra zeigte an der Art und Weise, wie sie mit ihrer Tochter Angelika umging, daß sie ein Armutsbewußtsein hatte.
Sie fand es schrecklich, daß sie immerfort Husten, Hals-
weh und Schnupfen hatte, und tat alles, um das zu verhindern. Sie gab ihre ganze Energie in die Vermeidung der Erkältungen. Das war der Hintergedanke, die Triebfeder
vieler ihrer Aktivitäten. Also beschäftigte sie sich in ihrem
Denken und Fühlen mit Erkältungen und dem Mangel an
Gesundheit. Der Hintergedanke wirkte. Sie erlebte immer
wieder etwas davon.

Sie war schon froh gewesen, daß ihr bewußt wurde, daß
die Erkältungen im Zusammenhang standen mit ihrem Ärger mit der einen Verwandten und der Einstellung, die sie
zu ihr hatte. Jetzt sah sie, daß noch etwas hineinspielte,
nämlich ihr Armutsbewußtsein. Sie betrachtete verschiedene alltägliche Szenen mit diesem Blickwinkel.

Es stimmte. Angelika mußte eine Mütze aufsetzen, damit sie nicht krank wird. Sie ermahnte sie, nicht barfuß zu

laufen, weil man davon kalte Füße bekommt und krank wird. Sie betonte, daß sie dieses und jenes essen muß, weil das gesund ist und daß gerade sie viele Vitamine braucht, damit sie nicht schon wieder krank wird.

Angelika konnte gar nicht anders als wieder krank werden. Sobald Petra sich den nächsten Schnupfen als Schreckgespenst vorstellte, lud sie ihn ein. Petra hat selbst dann, wenn sie ein Ziel, nämlich das Aufsetzen der Mütze oder das Anziehen des Anoraks, vor Augen hat, in erster Linie die drohende Erkältung im Blick. So wird sie ihr großes Ziel Gesundheit nie erreichen.

Petra konnte ganz leicht etwas ändern. Sie mußte damit aufhören, andauernd von Krankheit zu reden. Dann konnte mit der Zeit auch das Krankheit-Denken aufhören. Das erforderte einige Disziplin, aber die Mühe lohnte sich.

Sie achtet jetzt weiterhin darauf, daß ihre Tochter warm angezogen ist, wenn sie hinausgeht. Sie redet aber nicht mehr von drohenden Erkältungen und hat bewußt damit aufgehört, sich darum zu sorgen, ob Angelika vielleicht kalte Füße hat. Diese Wandlung ist ihr mit der Sprache gelungen. Sie sagt jetzt: „Angelika, setze dir bitte die Mütze auf, damit du es schön warm hast!" oder „Angelika, setze dir bitte die Mütze auf. Es ist sehr windig." Wenn Angelika darauf besteht, daß sie trotz einem ganz scharfen Wind keine Mütze aufsetzt, dann bestimmt Petra, daß sie daheim bleibt. Sie darf nur mit Mütze hinaus, ohne jegliche Krankheits- oder Gesundheitsargumente. Angelika geht es inzwischen viel besser, und sie ist weit weniger anfällig.

Petra begann, sich ihre Hintergedanken bewußt zu machen. Sie erkannte, daß sie nicht nur im Zusammenhang mit ihrer Tochter Dinge tat, um etwas anderes zu verhindern. Sie dachte auch sonst oft in Mangel. Ihr wurde bewußt, daß ihr ganzes Leben von ihrem Armutsdenken geprägt war.

Sie bemerkte, wie oft sie Vermeidungssätze sagte: „Ich gehe schnell los, damit der Laden nicht zu macht und ich dann nicht ohne Milch dastehe." Sie redete und achte ganz oft so, meistens gewohnheitsmäßig. Ihr Ziel war klar. Sie wollte die Milch kaufen. Der Hintergedanke aber war ganz klar am Mangel orientiert. Anders ist es, wenn Petra sagt: „Ich gehe jetzt los, damit ich noch rechtzeitig vor Ladenschluß im Geschäft bin." Sie orientiert sich an ihrem Ziel. Sie zeigt damit ihrem Gehirn, daß sie zielorientiert ist. Das ist der Unterschied. Rein äußerlich macht sie das gleiche. Sie geht flink in den Laden und kauft dort Milch ein.

Ein anderer typischer Gedankengang war bei ihr: „Ich höre mir die Geschichte an, damit der andere nicht denkt, daß ..." Auch hier war der stiftende Gedanke ein Kind von Petras Armutsbewußtsein. Wenn Petra weiterhin so denkt, wird sie auch in Zukunft in ihrem Leben Mangel erleben. Jetzt bremst sie ihre Gedanken und sagt und denkt: „Ich höre mir die Geschichte an." Dann tut sie es , weil sie es möchte, und sie tut es in der Art und Weise und auch so lange, wie sie es möchte. Sie bestimmt selbst ihr Leben. Sie ist sich das wert. Der Gedankengang ist nicht mehr: „Ich tue es, damit nicht ..." sondern: „Ich tue es, weil ich es so möchte."

So leitet sie bewußt den Umschwung vom Armutsbewußtsein zum Wohlstandsbewußtsein ein. Das hat eine Auswirkung auf ihr ganze Leben und stellt den Beginn einer stetigen Aufwärtsentwicklung dar.

Praktische Übung:
Wie viel sind Sie sich heute wert?
Führen Sie dann eine Woche lang Selbstgespräche und beobachten Sie bei alltäglichen Handlungen Ihre Hintergedanke. Denken Sie einfach laut. Ändern Sie nichts, nehmen Sie Ihr Denken einfach wahr. Erlauben Sie sich, daß Sie sich selbst besser kennenlernen.

Wie denken Sie: Ich lege die Wurst auf den Teller, weil sie gegessen werden muß, damit sie nicht verdirbt oder weil es Zeit ist, daß sie gegessen wird? Räumen Sie die Schuhe auf, damit es nicht so unordentlich aussieht oder damit wieder Ordnung ist?

Wieviel sind Sie sich nach einer Woche wert, in der Sie Ihren Gedanken mehr Beachtung schenken?

■ So gedeiht das Wohlstandsbewußtsein

Es ist ganz leicht, ein Wohlstandsbewußtsein zu entwickeln. Es bedarf freilich einer bewußten Entscheidung und auch der Bereitschaft, etwas dafür zu tun.

Für Kinder ist ein Wohlstandsbewußtsein natürlich. Sie spielen Könige, Prinzen, Ritter und können sich wunderbar mit ihnen identifizieren. Kinder machen sich keine Gedanken, ob etwas zu teuer ist oder nicht, sie sind es sich wert, vieles zu haben, einfach weil sie es schön finden.

Ich weiß von einem kleinen Jungen, der in den Kindergarten ging. Er beeindruckte die Erzieherinnen jeden Tag neu, wenn er sich gemeinsam mit den anderen an den Frühstückstisch setzte. Während alle anderen ihre normalen Kindergartentäschchen holten und ihr Essen auspackten, nahm dieser Junge sein kleines Lederköfferchen, das er für diesen Zweck hatte, und legte es feierlich auf seinen Schoß. Dann holte er eine weiße Stoffserviette heraus und breitete sie auf seinem Platz aus. Darauf legte er dann seinen Apfel und sein Brot. Die anderen hatten das gleiche dabei. Es war allein der äußere Rahmen, der ihn von den anderen abhob. Dieser kleine Junge zelebrierte jedes Frühstück. Es ist zu hoffen, daß er von den Erwachsenen dafür Anerkennung und nicht spöttische Blicke oder Bemerkungen erntet.

Menschen mit einem Armutsbewußtsein finden das Verhalten dieses Jungen übertrieben oder komisch. Sie werden es kaum fördern, sondern eher zerstören und auf ihr Niveau herunterbringen, einfach weil sie damit noch nicht anders umgehen können.

Rita wollte ihr Armutsbewußtsein hinter sich lassen und ein Wohlstandsbewußtsein entwickeln. Sie begann mit einem Einkauf im Blumengeschäft. Bislang hatte sie nur für andere Menschen Blumen gekauft. Jetzt schenkt sie sich selbst jede Woche eine schöne Rose und stellt sie für sich auf. Diese Rose findet sie nicht nur wunderschön. Sie hat für sie Symbolwert und erinnert sie an ihren hohen Wert. Mit ihr setzt sie bewußt ein Signal. Das Wohlstandsbewußtsein gedeiht mit jeder kleinen Handlung, die mit dieser Absicht geschieht. Sie ist sich das Geschenk an sich jetzt wert.

Wenn das Wohlstandsbewußtsein einmal entwickelt ist, dann dient jede Handlung dem eigenen Wohlergehen und dem Wohlergehen der anderen. Dann ist eine Aufwärtsentwicklung in Gang gebracht. Das ist dann genau so selbstverständlich wie bei dem kleinen Jungen mit dem Lederköfferchen und der Stoffserviette.

Wohlstandsbewußtsein ist für jeden möglich, unabhängig von den finanziellen Möglichkeiten. Gerade diejenigen, die noch wenig Geld haben, tun gut daran, es bei sich bewußt zu entwickeln. Es kommt auch nicht darauf an, daß sich ein Mensch alles kaufen kann, was er haben möchte. Ich meine sogar, daß Eltern ihren Kinder schaden, wenn sie ihnen alle materiellen Wünsche erfüllen. Das ist nicht der tiefe Sinn eines Wohlstandsbewußtseins. Auch ganz reiche Menschen können ein ausgeprägtes Armutsbewußtsein haben. Dagobert Duck ist ein Musterbeispiel dafür. Er lebt in der Angst, daß ihm sein Geld abhanden kommt.

Für viele Eltern, insbesondere für Mütter, ist es sehr ungewohnt, auf ihr eigenes Wohlbefinden und ihre Bedürfnisse zu achten und etwas nur für sich selbst zu wollen oder zu tun. Lieber sagen sie ein leicht gequältes „Ja" als ein eindeutiges, klares „Nein". Eltern, die ohne schlechtes Gewissen „nein" sagen können, achten ihre eigenen Bedürfnisse. Auch das hat etwas mit Wohlstandsbewußtsein zu tun. Eine mit mir befreundete Mutter von mehreren Kindern sagte mir: „Eine Mutter kann nur dann eine gute Mutter sein, wenn sie auch ihre eigenen Bedürfnisse achtet und sich selbst etwas Gutes gönnt." So lernen die Kinder am Vorbild ihrer Eltern, auf das eigene Wohlbefinden zu achten.

■ Vom richtigen Wünschen

Jan weiß, wie Wünschen geht

Ein 6jähriger Junge, Jan, hat seiner Mutter erzählt, wie Wünschen geht. „Das geht so", sagte er, „erst mußt du dir ganz doll vorstellen, was du haben möchtest, dann mußt du das malen und oft anschauen, und dann mußt du dich ganz doll freuen, so als ob es schon da wäre. Und dann mußt du das alles vergessen. Und irgendwann ist es dann da."

Dann schaute er sie selbstbewußt an und machte einen Freudenhopser. Jan weiß, daß Wünschen so geht. Er hatte damit schon viel Erfolg. Glücklicherweise glaubt ihm seine Mutter das. Schließlich hat der Junge recht.

Menschen, die sich etwas herbeisehnen und es sich ganz intensiv wünschen, müssen es genau so machen, wie Jan es beschrieben hat. Erst brauchen sie ein klares Ziel, das sie mit all ihrer Aufmerksamkeit anziehen. Das heißt, sie bereiten ihren Pfeil vor, den sie auf dieses Ziel richten. Sie „pfeilen" es gewissermaßen an.

Dann legen sie den Pfeil an die Sehne ihres Bogen und spannen die Sehne. Das entspricht dem Ersehnen. Als nächstes müssen die den Pfeil loslassen und ihrer Zielgenauigkeit trauen. Dann bleibt ihnen nur noch das geduldige Warten in der Gewißheit, daß ihr Pfeil sein Ziel erreicht hat. Da die Gewißheit da ist, daß der Pfeil gut abgeschossen wurde und auf ein erstrebenswertes Ziel gelenkt wurde, macht sich jetzt Vorfreude breit.

So geht Wünschen. Kinder wissen das ganz intuitiv, und sie leben auch so, bis jemand sie dafür belächelt. Dann passen sie sich der Denkweise der Erwachsenen an und verbauen sich damit wertvolle Möglichkeiten.

Wenn Kinder die Erfahrung machen, daß die Eltern sich für ihre Art des Wünschens öffnen und in dieser Hinsicht wieder so werden wie die Kinder, dann können die Kinder auf ihrem Weg bleiben und sich ihr vertrauensvolles, glühendes Wünschenkönnen erhalten. Erwachsene können hier Grundlegendes von ihren Kindern lernen.

Erfolgreiches Wünschen geht genau so wie Jan es beschrieben hat. Jans Stärke ist sein starker Glaube an die Wirkung seines Wünschens. Erfolgreiches Wünschen kann nur durch zwei Einflüsse gestört werden: durch Zweifel und durch Angst. Jan ist frei davon. Daher hat er auch viel „Glück".

Das ist auch gemeint, wenn es in der Bibel vom Beten heißt: „Bittet, als ob ihr es schon hättet, so wird es euch gegeben."

Wunschliste

Wenn die Weihnachtszeit naht, fertigen die Kinder in vielen Familien einen Wunschzettel für das Christkind. Sie machen sich Gedanken, was sie bekommen möchten und freuen sich schon so richtig darauf. Wenn sie genau wissen, was sie sich wünschen, dann schreiben sie den Wunsch auf oder malen ihn oder sogar beides. Danach legen sie ihn aufs Fensterbrett oder übergeben ihn ihren Eltern zu treuen Händen.

Ein Teil dieser Wünsche geht an Weihnachten in Erfüllung. Das weiß jedes Kind. Wenn die Kinder älter werden, merken sie, daß es die Eltern und Verwandten sind, die ihnen die Wünsche erfüllen, und schreiben keine Wunschzettel mehr. Sie finden das kindisch. Dabei wäre es eine sehr gute Idee, weiterhin Wunschzettel zu schreiben mit der gleichen Vorfreude und Inbrunst, mit der sie es als kleine Kinder getan haben, und mit der gleichen Bereitschaft es letztlich dem Christkind, dem Onkel oder der Tante zu überlassen, welchen dieser Wünsche sie erfüllen und welche Gaben sie außerdem geben wollen.

Darum ist es sehr sinnvoll, wenn Erwachsene eine Liste mit ihren Zielen schreiben. Die bewußte schriftliche Gestaltung von Wünschen erleichtert das Erreichen des angestrebten Ziels. Beim schriftlichen Gestalten nimmt ein Gedanke bereits eine greifbare Gestalt an. Derjenige, der einen Wunsch oder ein Ziel hat, macht sich diesen auch noch klarer und eindeutiger bewußt, wenn er ihn aufschreibt, als wenn er ihn nur sagt. Die wenigsten Erwachsenen haben klare Ziele und wundern sich, wenn sie später im Leben irgendwo ankommen, wohin sie gar nicht wollten. Ihr Lebensschiff treibt dann ohne Steuerung. Die Vorstellung von einem Ziel trägt mehr Kraft und Eigeninitiative in sich als ein Wunsch. Bei einem Ziel ist es jedem klar, daß es etwas bringt, wenn er sich selbst engagiert. So ist es gut, wenn aus den Wünschen Ziele werden. Das gedankliche und gefühlsmäßige Engagement ist immer möglich. So kann aus jedem Wunsch ein Ziel werden.

Ich empfehle meinen Kursteilnehmern, daß sie eine Liste mit ihren Zielen aufschreiben. Die Ziele können kurzfristige und langfristige Ziele sein. Auf dieser Liste kann alles Mögliche stehen: der Ferrari, der Platz im Kindergarten, die gelungene Einladung, der Urlaub zu zweit in der Ferienwohnung auf La Palma, fröhliches Lachen und gute Stimmung in der Familie und ein gutes Klima im Betrieb.

Wenn die Liste nach einigen Tagen schon eine ganze Reihe von Zielen enthält, dann ist es Zeit, die Liste noch einmal durchzugehen und die Ziele zu streichen, die inzwischen nicht mehr als so erstrebenswert erscheinen oder die sich auch gegenseitig ausschließen. Danach werden alle Ziele mit schönster Handschrift und einem edlen Stift auf ein schönes Papier geschrieben. Das Wertvolle und Schöne dieser Ziele kommt so zum Ausdruck.

Danach werden die Ziele in der Reihenfolge der Priorität bearbeitet, ein Ziel nach dem anderen. Die meisten Menschen machen es anders. Sie wünschen sich alle paar Stunden etwas anderes: Um zwölf Uhr denken sie, wie gut es wäre, eine Haushaltshilfe zu haben, um ein Uhr, daß sie lieber ein Haus mit Garten hätten, um drei Uhr, daß sie ein bestimmtes Orchester hören möchten und um fünf Uhr, daß sie auch einmal gerne einen ruhigen Abend zu zweit hätten. Das ist ein beständiges Hin und Her. Kein Wunsch bekommt ausreichend gesammelte Aufmerksamkeit, daß er in Erfüllung gehen kann.

Darum ist es unerläßlich für den Erfolg, daß jedes Ziel einzeln konsequent und konzentriert angesteuert wird. Wer sich drei Wochen lang morgens, mittags und abends fünf Minuten lang intensiv mit einem bestimmten, konkreten Ziel beschäftigt und sich mit allen seinen Sinnen das ersehnte Ergebnis vorstellt, der hat seine Arbeit getan. Dann muß er den Pfeil von der Sehne fliegen lassen und kann sich dem nächsten Ziel hinwenden. Da macht er es genau so.

An das erste Ziel braucht er nicht mehr zu denken, er soll es auch bewußt sein lassen. Allzu leicht geht er sonst ins Mißtrauen und den Zweifel und stört damit das Ergebnis. Er merkt es schon, wenn das Ergebnis da ist. Mit der Zeit häufen sich die Erfolge.

Sobald Eltern erkannt haben, daß diese Methode auch im Erwachsenenalter funktioniert, begeistern sie sich wieder neu für Wunschzettel. Teilnehmer geben mir nach einigen Wochen und Monaten immer wieder begeisterte und glückliche Rückmeldungen über Ziele, die sie schon erreicht haben und sind glücklich, weil vieles so viel leichter geht als früher. Ich weiß, daß das so ist und freue mich jedes Mal mit ihnen. Sie haben damit begonnen, ihr Leben zu meistern und es in vollen Zügen zu genießen.

Es ist wertvoll für Kinder, wenn sie erleben, daß ihre Eltern sich kurzfristige, mittelfristige und langfristige Ziele für sich selbst, das Familienleben und für das Berufsleben stecken und sich täglich mit der Erfüllung ihrer Ziele befassen. Sie lernen am Vorbild wie es geht, sein Leben zu meistern.

Praktische Übung:
Nehmen Sie sich drei Minuten Zeit und schreiben in dieser Zeit je drei Ziele für sich selbst, für ihre Familie und für ihren Beruf auf, die Sie anstreben. Haben Sie klare Ziele?

Gestalten Sie eine Liste mit ihren Zielen. Schreiben Sie alles auf, was ihr Leben als wertvoll und lebenswert erscheinen läßt und Sie beglückt. Hilft es Ihnen, wenn Sie sich vorstellen, daß Sie hundert Jahre alt sind und voller Glück auf ihr langes, erfülltes Leben zurückblicken? Welche Ziele würden Sie noch einmal ansteuern wollen?

Nehmen Sie sich das Ziel mit der höchsten Priorität und befassen sich drei Wochen lang täglich dreimal je zehn Minuten lang gedanklich und gefühlsmäßig mit diesem Ziel. Malen Sie es, schreiben Sie es, fühlen Sie es, tun Sie etwas, damit Sie ihrem Gehirn klar machen, daß Sie sich ernsthaft mit diesem Ziel befassen. Nach diesen drei Wochen hören Sie damit auf. Denken Sie nicht mehr daran. Wählen Sie das nächste Ziel aus und lenken Sie drei Wochen lang Ihre Aufmerksamkeit auf dieses Ziel.

Katrin sagte: Hexhex

Kinder wissen, daß sie scheinbar unmögliche Dinge bewerkstelligen können, wenn sie es wirklich wollen und sich mit Leib und Seele für ihr Ziel einsetzen. Sie haben noch das große Glück, daß sie frei sind von „sinnvollen" Überlegungen, die ungewöhnliche Wege oft einfach unmöglich machen. Sie zweifeln noch nicht, sie tun einfach und schauen, was geschieht. Weil sie nicht zweifeln, spalten sie ihre Kraft nicht in das Hin und Her eines Zweifels.

Diese Zielstrebigkeit kann in ihrer Wirkung bewußt gestärkt werden mit der Drei-Fingertechnik. Sie ist ganz einfach, und Kinder lernen sie im Nu. Eltern können sie ihren Kindern so beibringen: „Mach dir klar, was du erreichen willst, und denke intensiv daran. Dann mach die Drei-Finger-Technik. Dabei führst du den Daumen, Zeigefinger und Mittelfinger zusammen, so daß sich die Fingerkuppen berühren. Das kannst du mit einer Hand oder mit zwei Händen machen."

Die Gedanken werden ganz bewußt auf ein konkretes Ziel gelenkt. Sie werden gebündelt und damit wird ihre Wirkungskraft gesteigert. Dieses bewußte Bündeln geschieht bei der Drei-Finger-Technik gleichzeitig auf der körperlichen Ebene. Auch die Finger werden gebündelt und an der Spitze zusammengeführt und wie die Gedanken auf den einen Punkt gebracht. Dadurch wird die Wirkung der gedanklichen Kräfte noch stärker.

Wenn das Ziel klar ist und die Dreifingertechnik angewendet wurde, dann kommt der nächste Schritt: so handeln, als ob der ersehnte Wunsch schon dabei wäre, in Erfüllung zu gehen. Wer das nicht tut, weil er noch auf klarere Ergebnisse wartet, der zweifelt. Zweifel aber schwächt die gedanklichen Kräfte und stört oder zerstört ihre Wirkung.

In der konkreten Situation kann das so aussehen: Ein Autofahrer stellt sich an seinem Ziel in der Stadt einen freien Parkplatz für sein Auto direkt neben dem Laden vor und wendet die Drei-Finger-Technik an. Dann fährt er los und direkt in die Straße, wo der Laden ist. Dort schaut er sich um, wo sein Parkplatz ist und nicht, ob da ein Parkplatz frei ist. Vielleicht kommt gerade jemand mit seinem Autoschlüssel und macht den Parkplatz frei. Dieser zielstrebige Autofahrer schaut nicht schon sicherheitshalber vorher, wo sonst noch ein Parkplatz sein könnte, falls er dort keinen findet. Dann zweifelt er und wird folglich auch keinen in der direkten Nähe des Ladens finden.

Seit ich die Drei-Finger-Technik kenne und mit ihr einige Erfahrungen gesammelt habe, wende ich sie oft an. Das Schöne daran ist, daß es keiner merkt außer mir. So bekomme ich zum Beispiel meine Parkplätze und die Karten im ausverkauften Theater. Meistens gelingt das, aber auch nicht immer.

Kinder tun sich mit der Drei-Finger-Technik leichter als Erwachsene, obwohl sie bei ihnen genau so großartige Ergebnisse ermöglichen kann. Der große Vorteil der Kinder ist, daß sie bei all ihrem Wünschen nicht gleichzeitig an ihrer gedanklichen Kraft zweifeln. Sie wünschen sich einfach etwas und malen sich ihren Wunsch in allen Farben aus und freuen sich auch schon so richtig. Und dann lassen sie ihren Wunsch wieder los und beschäftigen sich mit dem Augenblicklichen. Der Wunsch ist ihnen dann aus dem Sinn, sie können ihn vergessen und an anderes denken, genauso, wie Jan es seiner Mutter erklärte.

Im Gegensatz zu Erwachsenen kleben Kinder nicht an ihrem Ziel, sie wünschen es sich einfach mit all ihrer Kraft und sind dabei offen für jedes Ergebnis. Das hat etwas Spielerisches, Leichtes an sich. Sie wünschen sich einfach etwas mit allen Fasern ihres Seins und sehen dann schon, was dabei herauskommt. Das geht ohne Druck. Es kommt ihnen nicht in den Sinn, daß sie bei ihrem Wünschen oder mit der Drei-Finger-Technik einen Fehler gemacht haben könnten, wenn der Wunsch nicht in Erfüllung geht. Es ist scheinbar paradox: Gerade weil sie nicht am angestrebten Ergebnis haften, erreichen sie ihr Ziel leichter.

Wenn das Gewünschte erreicht ist, kommt der nächste Schritt. Es ist Zeit, sich zu freuen und dem Leben ein Dankeschön zu sagen. Es ist wirklich nicht selbstverständlich, daß jeder Wunsch in Erfüllung geht. Umso schöner, wenn es so ist. Ein wenig kann jeder seine Glücksspirale ankurbeln. Mit der Drei-Finger-Technik gehen mehr Wünsche in Erfüllung als ohne sie. Wenn ein Wunsch nicht in Erfüllung geht, dann soll es eben nicht sein. Es ist gut, die Drei-Finger-Technik ernst zu nehmen und gleichzeitig ganz locker zu sein. Dann bringt sie mehr.

Die Drei-Finger-Technik ist uralt. Menschen aller Zeiten haben sie bewußt oder unbewußt angewandt, um ihre Ziele leichter zu erreichen. Sie ist im Lauf der Zeit als bewußtes Mittel bei uns einfach in Vergessenheit geraten. Auf alten Gemälden ist sie oft zu sehen, und auch heute noch wird sie in vielen Ländern häufig angewandt, wenn auch sicher meist unbewußt.

Menschen aus dem Mittelmeerraum wenden die Drei-Finger-Technik instinktiv sehr oft an. Bei Italienern ist mir das zum ersten Mal bewußt geworden. Ich habe noch keinen Italiener gesehen, der mit Engagement diskutiert und seine Finger nicht in der Drei-Finger-Technik hält.

Katrin hat die Drei-Finger-Technik von ihrem Vater gelernt und gleich in ihre geistige Werkzeugkiste gepackt. Sie war sechs Jahre alt und ging in die erste Klasse. Sie nannte diese Drei-Dinger-Technik Hexhex. Sie hat sie auch ihren Freundinnen beigebracht. An einem schönen Sommertag hat sie sich während der Schulpause mit ihren Freundinnen für den Nachmittag verabredet. Sie wollten gemeinsam auf den Ponyhof im Dorf gehen und dort helfen und reiten. Sie freuten sich schon auf einen langen Nachmittag mit den Pferden und miteinander. Da drohte der Lehrer ihnen einen Strich durch die Rechnung zu machen, indem er ihnen eine Menge Hausaufgaben gab.

Katrin erinnerte sich in diesem Augenblick an ihr Hexhex und gab ihren Freundinnen ein kurzes, schnelles Zeichen. Sie wendeten sogleich diese Technik an, streckten ihre Hände unter die Schulbank und sehnten ihren Nachmittag mit den Pferden herbei. Sie hatten Erfolg. Der Lehrer verwarf seine Hausaufgaben und schenkte der Klasse mit einem Blick auf das strahlende Sommerwetter einen hausaufgabenfreien Nachmittag. Hexhex hat gewirkt. Durch das gemeinschaftliche Konzentrieren auf das gemeinsame Ziel war die Wirkung noch stärker als wenn nur eine von ihnen das Ziel angestrebt hätte. Die Mädchen freuten sich. Ja, und wenn der Lehrer ihnen dennoch Hausaufgaben gegeben hätte, dann hätten sie sie eben gemacht und weniger Zeit mit den Ponys verbracht.

Die Drei-Finger-Technik ist es wert, wieder entdeckt zu werden. Kinder können sie mit Bravour und Leichtigkeit einsetzen. Sie erleben, daß sie damit im Handumdrehen einen sichtbaren und greifbaren Erfolg erzielen können. Das begeistert sie, und sie machen damit weiter. Auch auf diese Weise machen sie die Erfahrung, daß sie ihr Leben bewußt gestalten können, wenn sie ein klares Ziel haben.

Bevor Eltern diese erstaunliche und bemerkenswerte Technik ihren Kindern weitergeben, ist es sinnvoll, daß sie selbst einige Erfahrungen damit sammeln. Nur dann können sie diese Technik glaubhaft empfehlen. Kinder spüren genau, ob die Eltern hinter ihren Tips und Anregungen stehen oder nicht.

Kinder können die Drei-Finger-Technik nebenbei im Alltag erlernen. Die Eltern können ihnen beispielsweise bei Einkaufsfahrten die Aufgabe übertragen, daß sie den Parkplatz direkt vor dem Landen beschaffen, höchstens fünfzig Meter vor der Eingangstür entfernt. Das geht, es braucht nur ein wenig Übung und das Trauen in die eigenen Fähigkeiten. Kinder glauben noch an sich. Die Erwachsenen können ihnen helfen, dieses Trauen an die eigenen Kräfte zu bewahren.

Praktische Übung:
Probieren Sie die Drei-Finger-Technik bei alltäglichen Kleinigkeiten aus! Erleben Sie selbst die Wirkung.
Sie können die Drei-Finger-Technik auch anwenden, während Sie sich gedanklich und gefühlsmäßig mit Ihrem Ziel befassen. Dann kommt die Kraft noch gebündelter in das Ziel.

■ Positive Prophezeiungen

Wörter haben eine große Kraft, insbesondere wenn sie bewußt gewählt und mit dem Glauben an ihren Wahrheitsgehalt ausgesprochen werden. Der Glaube eines Menschen in ein Kind setzt bei ihm Kräfte frei. Wenn er sie in einfache Sätze faßt, prägen sie sich bei ihm ein. Wenn das Kind dem Erwachsenen Vertrauen schenkt, kann er auch seinen Aussagen glauben. Diese Sätze müssen jedoch aus dem Herzen kommen und für den Sprecher eine Wahrheit sein.

Kinder blühen auf, wenn sie in einer Atmosphäre positiver Prophezeiungen und Erwartungen aufwachsen. Positive Prophezeiungen sind ein unschätzbarer Proviant für die Reise durchs Leben. Wenn ein Mensch sich entschließt, an eine solche Prophezeiung zu glauben, dann eröffnet er sich ungeahnte Möglichkeiten.

Solche Sätze können sein:

„Du bist geschickt. Du wirst dein Leben meistern!"

„Du bist begabt. Du wirst einmal einen großen Betrieb führen."

„Du wirst etwas erfinden, was für die Menschheit wertvoll ist."

„Du weißt, was für dich gut ist. Und du wirst den richtigen Weg wählen."

„Es gibt tausend Arten glücklich zu sein. Du wirst deine Art finden."

„Du wirst immer gute Freunde haben."

„Du wirst einmal ..."

In Prophezeiungen steckt viel Kraft. Jede Mutter und jeder Vater kann seinem Kind bewußt ein gedankliches Kraftpaket schnüren und ihm als Proviant mitgeben. Eltern sehen die Stärken der Kinder und können sich durchaus mögliche Lebenswege vorstellen. Diese Gedanken werden aber oft nicht bewußt zu Ende gedacht und auch nicht dem Kind mitgeteilt. Doch steckt in ihnen ein großes Kraftpotential, das dem Kind seinen Start ins selbständige Leben erleichtert.

Manche Aussagen sind jedoch nur scheinbar eine positive Prophezeiung. In Wirklichkeit sind sie Sätze, in denen Eltern oder andere nahestehende Erwachsene ihre Erwartungshaltung an das Kind zum Ausdruck bringen und es in eine feste Rolle drängen. Das geschieht zum Beispiel, wenn Eltern sagen: „Du wirst einmal unseren Betrieb übernehmen!" Sie möchten, daß ihr Kind einmal ihren Betrieb übernimmt und glauben vielleicht, daß sie ihm damit etwas Gutes tun. Wenn ihr Kind sich durch diese Aussage gebunden fühlt, dann ist es ganz wörtlich gebunden und eben nicht frei, sich selbst zu entscheiden. Vielleicht wird es sich nur mit schlechtem Gewissen davon lösen und schließlich seinen eigenen Weg finden.

Es ist verständlich, wenn Eltern den Wunsch haben, daß ihr Kind ihren Betrieb weiterführt. Doch ist das Kind nur dann frei, wenn es hört: „Wenn du einmal groß bist, kannst du unseren Betrieb übernehmen, wenn du das dann möchtest." Daran kann sich eine positive Prophezeiung anschließen: „Du wirst die für dich richtige Entscheidung treffen."

Positive Prophezeiungen machen Fähigkeiten und Möglichkeiten bewußt und spornen das Kind an, seinen eigenen Weg zu gehen. Sie zeigen ihm, was in ihm steckt. Das Kind darf seinen eigenen Weg gehen. Positive Prophezeiungen machen stark und frei.

▨ Das Buch der Stärken

Eine Mutter war beunruhigt, weil ihr Sohn in der Schule einen Mißerfolg nach dem anderen hinnehmen mußte und deshalb sichtlich litt. Sie machte sich Gedanken, wie sie ihn darin stützen könnte, sein Selbstbewußtsein zu bewahren. Sie hatte eine Idee und setzte sie in die Tat um. Sie erzählte mir davon.

Sie beschloß, ihm ein Büchlein zu machen, in das sie alle seine Stärken aufschreibt. Dafür kaufte sie in einem Schreibwarengeschäft verschiedenfarbige Tonkartons und ließ sie auf das Format DIN A 5 zurecht schneiden. Dann legte sie die bunten Bögen aufeinander und legte oben und unten einen Bogen Plastikfolie darüber, damit das Büchlein vor Schmutz geschützt ist, und ließ alles mit einer Spiralbindung zusammenbinden. Dazu kaufte sie einige dicke Buntstifte, die wisch- und wasserfest sind.

Auf das Titelblatt schrieb sie in großen Buchstaben den Namen ihres Sohnes, Tobias. Auf der nächsten Seite stand: Tobias kann gut klettern. Auf jeder der folgenden Seiten stand etwas, was er gut konnte oder gerne machte. Tobias hat viele Stärken: Er ist phantasievoll, lustig, er hat schöne Augen und einen schönen Mund, er kann platte Fahrradreifen reparieren, ist hilfsbereit und einfühlsam. Die zwanzig Seiten waren bald beschrieben. Auch für die Mutter war es ein gutes Gefühl, durch dieses Büchlein mit all den Stärken von Tobias zu blättern.

Sie ergänzte den Text durch Zeichnungen. Auf das erste Blatt zeichnete sie eine Eichel. Auf der nächsten Seite wurde der kleine Trieb sichtbar. So wuchs langsam eine Eiche heran. Es gab eine Zeit, da brauchte die junge Eiche etwas Schutz. Das war jetzt gerade. Unaufhaltsam entwickelte sich daraus eine große, stattliche Eiche. Am Ende des Büchleins war der ausgewachsene, stattliche Baum: Der erwachsene Tobias.

Wann immer Tobias eine Eichel in der Hosentasche hat oder in der Natur eine Eiche betrachtet, werden ihm seine Stärken in den Sinn kommen. Das macht stark.

„Und wenn er mal groß ist", sagte mir seine Mutter, „dann mache ich ihm ein solches Büchlein in Kleinformat für die Jackettasche. Das kann ihn in kritischen Augenblicken daran erinnern, wieviel Kraft er in sich trägt."

Ich wünsche Ihnen von Herzen Freude beim gemeinsamen Lernen und Wachsen mit den Kindern. Kinder zeigen uns, wie Leben geht!

Nachwort

Seit 1991 habe ich mehr als 500 Seminare für Eltern und für die Elternarbeit gehalten. In diesen Seminaren habe ich immer wieder erfahren, daß Eltern die praktischen Anregungen aufgreifen und voll guten Willens und voller Tatenfreude nach Hause mitnehmen. Dennoch kamen etliche dieser Eltern viele Male in meine Seminare und nahmen sich die gleichen Anregungen nochmals mit nach Hause. Es tat ihnen einfach gut, zu wiederholen und sich gleichzeitig nochmals Mut zu holen. Und sie erlebten, daß auch andere Familien die gleichen Herausforderungen haben wie sie.

Bei einem großen Teil der Eltern wurde mir bewußt, daß sie eine konkrete Hilfe brauchen für die alltägliche Kommunikation. Hier liegt vieles im Argen. Die ebenso übliche wie üble Wischiwaschi-Sprache kommt bei den Kindern nicht an. Sie wissen nicht, was die Eltern von ihnen wollen. Da hilft auch lautes oder genervtes Wiederholen nichts. Die Kinder greifen dann nur die Emotion auf, die in der Stimme liegt und reagieren in erster Linie auf diese Emotion, nicht auf die gedachte Botschaft. Es ist einleuchtend, daß dann auch die wertvollen Anregungen der Eltern zum Thema Lernen an den Kindern abgleiten.

Die Ausdrucksweise der Eltern hat eine große Wirkung auf das Lernen der Kinder und auch auf ihr eigenes Lernen. Es fiel mir wie Schuppen von den Augen, als ich erkannte, dass zielorientierte, konstruktiv kraftvolle Kinder in der Tendenz häufig Eltern haben, deren Sprache geprägt ist von einer zielorientierten, klaren und von Gefühlen getragenen Ausdrucksweise. Denken, Fühlen und Handeln sind bei ihnen meistens im Einklang. Auf der anderen Seite wachsen Kinder, die mit dem Leben und dem Lernen Schwierigkeiten haben, mit einer anderen Art von Sprache auf. Satzbau und Redewendungen sind grundlegend anders.

So war es nicht nur die Kommunikation selbst, die es zu schulen galt. Mehr und mehr achtete ich auch auf die in den alltäglichen Sätzen sichtbar werdenden Denkmuster.

Mitte der neunziger Jahre entwickelte ich das Sprach- und Kommunikationskonzept Lingva Eterna®. Es macht Eltern und andere Interessierte sensibel für die Kraft und Wirkungsweise der Sprache und leitet sie an, diese achtsam für sich in Anspruch zu nehmen. Der Schlüssel dafür ist der bewusste Umgang mit der Sprache, dem Wortschatz, dem Satzbau und der Grammatik. Bereits mit einer geringfügig geänderten Ausdrucksweise wandelt sich das Denken, Sprechen und Handeln. So eröffnen sich neue Blickwinkel und Lösungsansätze.

Kinder übernehmen den Sprachgebrauch ihrer Eltern, Erzieher und Lehrer. Es ist ein großes Glück für sie, wenn sie mit einer klaren, wertschätzenden und friedvollen Sprache groß werden.

Die Beispiele aus diesem Buch entstammen alle meinen Seminaren. Ich danke allen Eltern, die ich seit 1991 begleiten darf, für ihr Vertrauen und für die Einsichten, die ich mit ihnen gewinnen durfte.

Roswitha Defersdorf

Literatur

Weitere Titel der Autorin:

Drück mich mal ganz fest. Geschichte und Therapie eines wahrnehmungsgestörten Kindes, 19. Aufl. 2011, Verlag Herder Freiburg
Ach, so geht das! Wie Eltern Lernstörungen begegnen können, 11. Aufl. 2006, Verlag Herder Freiburg
Frischer Wind für die Partnerschaft, besser miteinander reden, 4. Aufl. 2006, Verlag Herder Freiburg, Neuausgabe 2009

Kartensatz „Die Kraft der Sprache"

8. Aufl. 2010, LINGVA ETERNA Verlag, Erlangen
Die Karten enthalten übliche Redewendungen und eine Alternative sowie einer Erklärung auf der Rückseite. So werden Sie auf lustvolle und spielerische und auch manchmal auf eine freche Art und Weise für alltägliche Redewendungen sensibel. Das praktische Format lädt zum „in die Hand nehmen" ein. Die Karten finden leicht im Geldbeutel oder der Jackentasche Platz und können so auch unterwegs überraschen, erfreuen oder zu Pausengesprächen anregen.

Sprachkarten – Denkmuster aktiv wandeln

5. Aufl. 2009, LINGVA ETERNA Verlag, Erlangen
96 farbig gestaltete Karten sensibilisieren anhand alltäglicher Sätze für Denkmuster in der Sprache und bieten Alternativen. Die Anwendung zeigt, wie leicht es ist, mit Lingva Eterna® eine klare, lebensbejahende und lösungsorientierte Denk- und Verhaltensweise zu entwickeln. Zweierlei Anleitungen für Erwachsene und für Kinder. Dieser Kartensatz ist geeignet für Beruf, Familie, Kindergarten und Schule. Er erfüllt die Kriterien des Montessori-Materials.
Des Weiteren gibt es Spezialkartensätze für einzelne Zielgruppen. Nähere Informationen finden Sie im Internet www.lingva-eterna.de

Kontaktadresse

Lingva Eterna Institut für Pädagogik und Bewusste Sprache
Mechthild R. von Scheurl-Defersdorf
Anderlohrstr. 42a
91054 Erlangen
Tel. 0 91 31-5 71 61
Fax 0 91 31-5 71 06
info@Lingva-Eterna.de

Nähere Informationen finden Sie im Internet.
www.Lingva-Eterna.de

Mechthild R. von Scheurl-Defersdorf führt bei Herder den Autorennamen Roswitha Defersdorf.

Roswitha Defersdorf bei Herder

Roswitha Defersdorf
Drück mich mal ganz fest
Geschichte und Therapie eines wahrnehmungsgestörten Kindes
Band 4916
Daniel – ein scheinbar ganz normales Kind. Und doch ist er nicht in der Lage, Sinneseindrücke zu ordnen. Eine betroffene Mutter erzählt vom Weg der Therapie.

Roswitha Defersdorf
Frischer Wind für die Partnerschaft
Besser miteinander reden
Band 5354
Die Sprache ist Spiegel unserer Wünsche, Ängste und Sehnsüchte. Wir können uns voreinander verbergen oder öffnen. Erhellend und mit vielen Beispielen.

Mechthild R. von Scheurl-Defersdorf
In der Sprache liegt die Kraft!
Klar reden, besser leben
Band 6334
Worte sind machtvoll – im Positiven wie im Negativen. Sage ich das, was ich wirklich meine? Oder transportiere ich mit meinen Worten, meinem Satzbau und meiner Körpersprache gegenteilige Botschaften? Oder unklare? Der gesamte Alltag geht leichter von der Hand, wenn Denken, Fühlen und Handeln im Einklang sind. Die Autorin schöpft aus langjähriger Erfahrung, die immer wieder zeigt: schon kleine, gezielte Änderungen der gewohnten Ausdrucksweise bewirken eine wohltuende Änderung, die sofort spürbar wird. Mit vielen Beispielen, Tipps und Übungen, die Spaß machen.

HERDER spektrum